Klaus Thimm

Vom Beruf zur Berufung

Klaus Thimm

Vom Beruf zur Berufung

Ein Physiker predigt anders als "Schriftgelehrte"

Fromm Verlag

Impressum/Imprint (nur für Deutschland/ only for Germany)
Bibliografische Information der Deutschen Nationalbibliothek: Die Deutsche Nationalbibliothek verzeichnet diese Publikation in der Deutschen Nationalbibliografie; detaillierte bibliografische Daten sind im Internet über http://dnb.d-nb.de abrufbar.

Coverbild: www.ingimage.com

Contact:
International Book Market Service Ltd., 17 Rue Meldrum, Beau Bassin, 1713-01 Mauritius
Website: www.bookmarketservice.com
Email: info@bookmarketservice.com

Gedruckt in: USA, UK, Deutschland. Dieses Buch wurde nicht in Mauritius produziert.

Imprint (only for USA, GB)
Bibliographic information published by the Deutsche Nationalbibliothek: The Deutsche Nationalbibliothek lists this publication in the Deutsche Nationalbibliografie; detailed bibliographic data are available in the Internet at http://dnb.d-nb.de.

Cover image: www.ingimage.com

Contact:
International Book Market Service Ltd., 17 Rue Meldrum, Beau Bassin, 1713-01 Mauritius
Website: www.bookmarketservice.com
Email: info@bookmarketservice.com

Printed in: U.S.A., U.K., Germany. This book was not produced in Mauritius.

ISBN: 978-3-8416-0207-7

Vorwort

Als Laienprediger der Evangelisch-methodistischen Kirche (EmK) und als ehrenamtlicher Verkündiger des Evangeliumsrundfunks (ERF) befolgte und befolge ich immer zwei Grundsätze:
Ein Laienprediger soll anders predigen und andere Aspekte eines Predigttextes ansprechen als ein ‚studierter Theologe' im kirchlichen Dienst – so mein erster Ausbilder Dr. Siegfried Lodewigs. In seiner Predigt soll der Laienprediger immer ‚persönlich' vorkommen – mit dem Bezug auf berufliche oder persönliche Erfahrungen hinsichtlich des Predigttextes.

Der englische Wissenschaftler C. P. Snow formulierte 1959 die Erkenntnis, dass Sprache und Denkweise von Geisteswissenschaftlern – zu denen ja auch die Theologen zählen! – eine grundsätzlich andere ist als die von Naturwissenschaftlern und Ingenieuren. Diese gehen ganz anders heran an die Bearbeitung von Fragestellungen und Problemen als es Geisteswissenschaftler/Theologen tun. Was dann auch für den Umgang mit Bibeltexten als Predigtvorlagen gilt.
Diese beiden Grundsätze bestimmen meinen Predigtstil, wofür diese Sammlung ausgesuchte Beispiele bietet.

Nach dem Abitur habe ich einem Studium der Physik den Vorzug gegeben vor einem Studium der Theologie, aber mein starkes Interesse an evangelischer Theologie beibehalten, gelegentlich Vorlesungen dazu gehört und mich an den Predigten großer Verkündiger orientiert. In der Vorbereitung auf das Leben nach dem Ausscheiden aus dem Arbeitsprozess habe ich es als Herausforderung und Berufung gesehen, die Erfahrungen meines nicht alltäglichen Berufs- und Glaubenslebens aufzuarbeiten und weiterzugeben. Auf diese Weise hat mich die bei der Studienwahl ‚verschmähte' Theologie dann doch noch eingeholt.
Dabei ist es mir als Naturwissenschaftler in der Tradition meines Berufes eine Ehrenpflicht, dankbar zu erinnern an die Verkündiger, die mir Vorbilder und Wegweiser gewesen sind: Pfarrer Johannes Tibbe in Göttingen, das Pastorenehepaar Lutz und Marion Buchheister in Bonn, Pfarrer Dr. Walter Schlosser in Hanau und Reverend Jeremy Dare in England. Mein Dank gilt ebenso meinen Lehrern, die daran gearbeitet haben, mich ‚noch besser' zu machen: Udo Vach, Programmdirektor des ERF, und die EmK-Pastoren Ulrike Burkhardt-Kibitzki und Lothar Elsner

vom Bildungswerk der EmK. Mein größter Dank aber gilt Bischof i. R. Dr. Walter Klaiber, dem ich es verdanke, in der EmK eine geistliche Heimat gefunden zu haben mit der Atmosphäre, die mich motivierte, den Weg eines Laienpredigers einzuschlagen. Seine persönliche Ermutigung ebenso wie seine Bücher waren mir Wegweisung und Ansporn.

Es gibt Christen, die eine Art ‚missionarischen Auftrag' darin sehen, mit der Klischeevorstellung hausieren zu gehen, dass Physiker Atheisten sind und dass moderne Physik mit dem, was sie als ‚einzig wahren Glauben' definieren, nicht vereinbar ist. Wenn diese Predigtsammlung auch zur Korrektur derartiger Vorstellungen beitragen sollte – umso besser.

Als Physiker habe ich in der Forschung mit Strahlung und dann im Hause Siemens mit Energieerzeugung/Kernenergie gearbeitet. Zwei Themen, die für viele Christen und gerade für evangelische Theologen heute eine ganz zentrale Bedeutung bekommen haben und die sie umtreiben in der Öffentlichkeit und auch in der Verkündigung. Auch wenn ich zu diesen Themen viel sagen könnte, so habe ich es immer peinlich vermieden, diesbezügliche Hinweise oder Erörterungen in meine Predigten aufzunehmen. Predigen, die solche Fragen in den Mittelpunkt stellen, vermitteln nach meinem Verständnis nicht die Zuwendung Gottes zu ‚den Menschen seines Wohlgefallens' – wie es in der Weihnachtsgeschichte formuliert wird – und auch nicht Wegweisung und Trost. Für mich sind dies die zentralen Forderungen, die ich an meine Predigten stelle. Der Transfer von in der Bibel behandelten und diskutierten Fragestellungen und Problemen in unser ‚Hier und Heute' mit den aktuellen Aspekten, wie sie sich für uns ergeben, ist für mich eine große und immer wieder beglückende Herausforderung – und dies ganz im Sinne der eingangs von mir angesprochenen Sicht des englischen Wissenschaftlers C. P. Snow. Mich fasziniert es immer wieder, welche neuen Einsichten und Erkenntnisse sich mir auftun, wenn ich mit solcher Zielsetzung an einen altbekannten Text herangehe und ich bin den Programmgestaltern des Evangeliums-Rundfunks sehr dankbar dafür, dass sie mich immer wieder zur Bearbeitung von Texten herausfordern, zu denen ich vom bloßen Lesen her keine nähere Beziehung gefunden hätte. Als Leser können Sie sich Ihr eigenes Bild machen und beurteilen, ob und wieweit es mir gelungen ist, meine Zielsetzungen zu verwirklichen.

Bonn, im November 2011 Dr. Klaus Thimm

Inhaltsverzeichnis

1 Gott in seiner Schöpfung

1.1 Staunen und Freude des Forschers über Gottes Größe

Forschung und Forscher werden heute von vielen Christen als Bedrohung und Angstauslöser empfunden. Fortschritte der Gentechnologie und der sogenannten Reproduktionsmedizin, zu der auch die Präimplantationsdiagnostik (PID) gehört, haben in besonderer Weise die Frage in den Mittelpunkt gerückt, ob alles gemacht werden soll, was machbar erscheint und ob nach Tieren nun auch der Mensch manipuliert und zum Forschungsobjekt gemacht werden soll.
Was sagt die Bibel zu Forschung und Forschern?

> Psalm 111, 2+7+8 (rev. Lutherübersetzung 1984)
>
> *Groß sind die Werke des Herrn;*
> *wer sie erforscht, der hat Freude daran.*
> *Alle seine Ordnungen sind beständig.*
> *Sie stehen fest für immer und ewig.*
> *Sie sind recht und verlässlich.*

Ein ungewöhnlicher Text, in dem die Beständigkeit der Ordnungen Gottes, in dem Forschung zum Lobe Gottes und die Freude der Forscher angesprochen wird.

Wenn wir heute in Presse und Fernsehen Berichte über Forschung und Forscher verfolgen, dann überwiegen Skepsis und Ablehnung: Forscher zunehmend als Dämonen oder Handlanger finsterer Mächte dargestellt, die von einem ‚Machbarkeitswahn' getrieben werden. Die ‚Gott ins Handwerk pfuschen' oder ‚die Schöpfung korrigieren' wollen oder wie ähnliche Schlagzeilen lauten. Und sehr zutreffend schreibt der Philosophieprofessor Odo Marquard, dass die Menschen alle die Wohltaten und alle Lebensverlängerung, die sie der Forschung verdanken, wegdrücken und nur noch ‚Angst vor der Forschung' kultivieren.

Die Bibel kennt eine ganz andere Sicht: So schreibt der Weisheitslehrer Jesus Sirach im 42. Kapitel des nach ihm benannten Buches:

> *„Die Heiligen Gottes vermögen nicht, alle seine Wunder zu erzählen.*
> *Alle seine Werke sind vortrefflich,*
> *doch sehen wir nur einen Funken und ein Spiegelbild.*

Alles lebt und besteht für immer, für jeden Gebrauch ist alles bereit. Jedes Ding ist vom andern verschieden, keines von ihnen hat er vergeblich gemacht. Eines ergänzt durch seinen Wert das andere. Wer kann sich satt sehen an ihrer Pracht?
Die Menge des Verborgenen ist größer als das Genannte,
nur wenige von seinen Werken habe ich gesehen.
Überaus ehrfurchtgebietend ist der Herr, unbegreiflich ist seine Stärke. Wir können ihn nur loben, aber nie erfassen, ist er doch größer als alle seine Werke.“ (Einheitsübersetzung)

Entschleierung der Geheimnisse der Schöpfung zeigt die Größe und zugleich die unbegreifliche Fürsorge des Schöpfers für seine Geschöpfe: Wenn ein Psalmdichter nach dem Blick auf die Herrlichkeit des gestirnten Himmels die rhetorische Frage anschließt *„Was ist der Mensch, dass Du seiner gedenkst, und des Menschen Kind, dass Du Dich seiner annimmst?“*, dann steht auch das dafür, dass Forschung und Forscher in der Welt des Alten Testaments ihren Platz und ihren Auftrag haben: Forschung zum Lobe Gottes – und Forschung als Teil des Auftrages, die Erde ‚zu bebauen und zu pflegen’, wie er in der Schöpfungsgeschichte dem Menschen gegeben wird.

Ich habe als Physiker viele Jahre lang selbst geforscht und dabei viele Forscher kennengelernt – Deutsche und Ausländer aus aller Welt. Ich bin keinem jener menschlichen Monster begegnet, als die Forscher heute häufig im Fernsehen oder in Filmen vorgeführt werden, sondern ganz normalen Menschen, die ihre Arbeit häufiger als Anstoß und Herausforderung zum Nachdenken nahmen. Darunter auch ernsthafte Christen mit der Frage nach Gottes Auftrag für sie an ihrem Ort. Vielleicht sogar mehr, aber bestimmt nicht weniger Christen, als sie sonst in der berufstätigen Bevölkerung anzutreffen sind. Natürlich bleibt es eine seltene Ausnahme, dass ein Christ als Forscher seinen Auftrag und die Verzahnung von Glauben und Auftrag so überzeugend darzustellen vermag, wie ich es einmal von einem Astrophysiker, der zugleich Theologe im Orden der Jesuiten war, las.

Nachdem er ausführlich zu seinen Forschungsarbeiten befragt worden war, kam zum Schluss die Frage: „Können Sie Gott in Ihrer Forschung finden? Wie erkennen Sie sein Wirken im Universum?“

Seine Antwort: „Ich finde Gott in meinen Forschungen, aber nur, weil er mich zuvor gefunden hat. Er schenkte mir, dass ich an ihn glaube, und dieser Glaube bestimmt mein ganzes Leben und besonders meine Forschung. Ich habe nie versucht, ihn durch Forschen zu finden. Aber seit er mich fand, bereichert mein Forschen meine Kenntnis über ihn."

Ich selbst bin immer wieder nach der Verantwortung des Christen als Forscher gefragt worden und warum diese so wenig in der Öffentlichkeit angesprochen wird. Statt einer persönlichen Antwort, wie ich sie je nach Situation und Formulierung der Frage gegeben habe und gebe, möchte ich den ehemaligen Bundespräsidenten Roman Herzog zitieren. Er sagte Grundlegendes zu ‚Staunen' und Forschung in einer Art und Weise, die sich in manchem direkt anschloss an das, was ich aus dem Alten Testament brachte und durch eine Vielzahl weiterer Stellen hätte ergänzen können.
Zitat: „Es gibt eine Gefahr, der jeder von uns ausgesetzt ist und der viele Menschen im Laufe ihres Lebens erliegen. Das ist die Gefahr, das Staunen zu verlernen. Wir alle sollten uns dieser Gefahr nach Kräften widersetzen. Das Staunenkönnen ist nämlich eine wichtige und wertvolle Fähigkeit. Wer staunt, fragt nach und forscht nach. Wer staunt, versucht, den Dingen auf den Grund zu gehen. Gerade in der Naturforschung, in Biologie und Medizin steht immer wieder solches Staunen am Anfang von Forschung und Entwicklung, und gerade hier nimmt es oft sogar noch zu, je deutlicher die Zusammenhänge hervortreten. Es gibt kein respektloses Staunen. Auch das macht seinen Wert aus. Der Respekt gilt dem Unerforschten, das eigenen Regeln folgt und sich unserem Zugriff fürs erste verschließt. Wer sich den Respekt vor der Natur und vor ihrem inneren Plan bewahrt, der bleibt sich der Verantwortung für sein Tun viel stärker bewusst als mancher andere. Darin liegt auch ein Stück Schutz vor seelenlosem Machbarkeitswahn."

Es hat mich sehr betroffen gemacht und fragen lassen, warum Präsident Herzog es offensichtlich nicht über sich brachte, statt ‚Natur' ‚Schöpfung' und statt ‚inneren Plan der Natur' ‚Plan und Wollen unseres Schöpfers' zu sagen. Hätte ein solches Bekenntnis zu den Grundlagen christlichen Glaubens schon die in letzter Zeit von Atheisten und den Angehörigen anderer Religionen so vehement eingeforderte Neutralität in

Glaubenssachen verletzt und hatte Präsident Herzog Angst davor? Wenn Forschung in den Medien heute häufig als Bedrohung hingestellt wird, dann sicher auch deshalb, weil sich Angst und Angstmache besonders gut verkaufen lassen. Horrorfilme mit pseudowissenschaftlicher Aufmachung sind ein großer Renner – und wenn man durch extrem vereinfachende Berichte aus der Forschung mit Hinweisen auf schreckliche Möglichkeiten, wie es jetzt im Zusammenhang mit der PID-Kontroverse gang und gäbe war, Ängste noch steigern kann, dann ist es umso besser fürs Geschäft.

Aber schon der Apostel Paulus hat gewusst, dass Bedrohungen und unheimliche Mächte, die in der Schöpfung verborgen sein mögen und es auch sind und deren Entschleierung uns Angst macht, nicht das Letzte sind. Seine persönliche Erfahrung und tröstender Zuspruch an uns bestätigt, dass Ängste und unheimliche Mächte nicht das letzte Wort haben:

> *„Denn ich bin gewiss, dass weder Tod noch Leben, weder Engel noch Mächte noch Gewalten, weder Hohes noch Tiefes, weder Gegenwärtiges noch Zukünftiges noch eine andere Kreatur kann uns scheiden von der Liebe Gottes, die in Jesus Christus ist, unserm Herrn."*

Es fällt auch Christen immer wieder schwer, auf dieses Zeugnis hin zu leben – wie schwer, habe ich beispielsweise im Zusammenhang mit den Unruhen um Castortransporte und ‚Gorleben' selbst erlebt. Paulus verkündet die Freiheit von allen Ängsten – und damit auch solchen, wie sie heute immer wieder mit Forschung in Verbindung gebracht werden – und von Dämonen und finsteren Mächten, wie sie aus dunklen Winkeln der Schöpfung ans Tageslicht kommen mögen.

Die Psalmbeter, Jesus Sirach und viele andere suchten das Lob und die Erkenntnis der überwältigenden Größe Gottes in der Entschleierung der Geheimnisse seiner Schöpfung und sahen darin seine Größe und Fürsorge für seine Geschöpfe bestätigt.

Als Christen dürfen wir heute dankbar feststellen, dass Gott uns gesucht und gefunden hat in Jesus Christus, mit dessen Sendung er die unendliche Kluft zwischen Himmel und Erde überbrückt hat.

1.2 Schöpfung, Forschung, Erkenntnis

Auch in unserer Evangelisch-methodistischen Kirche spiegeln sich die Konflikte und Kontroversen wider, die im gesamten deutschen Protestantismus die Verkündigung der guten Botschaft von Jesus Christus überlagern, verdunkeln oder gar in den Hintergrund drängen. So ist etwa „Schöpfung“ ein Thema, über das so erbittert gestritten wird, dass die Kontrahenten bisweilen dem Gegner ‚den wahren christlichen Glauben' absprechen.

Um hier nur zwei von mehreren Positionen anzusprechen:

Es gibt Christen, die die Schöpfungsgeschichte als absolut wahr und die wortwörtliche Gültigkeit ihres Textes als unverzichtbare Voraussetzung ihres Glaubens ansehen. Ein sogenannter ‚Bibelbund' erklärt, dass die Heilige Schrift nicht nur Grundlage des Glaubens, sondern auch verbindliche Aussage in allen naturwissenschaftlichen und historischen Fragen ist. Und Christen, die in diesem Glauben stehen, blicken dann auf alle anderen herab, weil sie in ihren Augen eben nicht den wahren Glauben haben und ‚Christen minderer Qualität' sind.

Und es gibt andere Christen, die jene schillernde Worthülse von einer ‚Bewahrung der Schöpfung' im Munde führen. ‚Schillernde Worthülse' – denn wenn man fragt, was denn damit ganz konkret gemeint sein soll und wie denn der einzelne oder eine Kirche Schöpfung bewahren können oder wollen, dann kommen dazu ganz unterschiedliche Antworten und Vorstellungen: Jeder packt hinein, was ihm dabei wichtig erscheint und im Endergebnis steht dann in der Regel der Ruf nach staatlichen Maßnahmen, mit denen solche ‚Schöpfungsbewahrung' erzwungen werden soll. Dabei hat der evangelische Theologe Trutz Rendtorff schon vor mehr als 20 Jahren ganz entschieden davor gewarnt, den theologisch überhaupt falschen Begriff von einer ‚Bewahrung der Schöpfung' durch menschliche Assistenz oder Aktivitäten in die Gesellschaft und in die Politik einzubringen. Auch wenn dahinter die Hoffnung stand und steht, einen christlichen Begriff zu einem öffentlichen Anliegen zu machen und so Kirche aktuell und gesellschaftsfähig erscheinen zu lassen. Und Rendtorff stellt dann die bis heute aktuelle Frage: Wollen die Verkündiger dieser ‚Schöpfungsbewahrung' ihr Vorbringen koppeln an eine Ohnmacht Gottes, selbst für seine Schöpfung einzutreten und damit längst vergessene theologische Richtungen der Nachreformations- und Aufklärungszeit neu beleben? Denn damals gab es sogenannte ‚Deisten' oder ‚Physiotheologen', die lehrten, dass Gott einem Uhrmacher zu vergleichen sei, der seine Schöpfung einmal in Gang gesetzt, sich dann aber mehr oder weniger frustriert aus ihr zurückgezogen und sie ihrem Schicksal überlassen habe.

Schon vor mehr als 50 Jahren formulierte der Schweizer Theologe Karl Barth in einer Art Vorwegnahme dieses Themas: „Wir dürfen Gottes Zeugen sein. Seine Advokaten, Ingenieure, Manager, Statistiker und Verwaltungsdirektoren zu sein, hat er uns nicht berufen. Mit den Sorgen solcher Tätigkeit in seinem Dienst sind wir also nicht beladen."

Und Karl Barth verwahrt sich gegen die Anmaßung, als ob das Walten von Gottes Vorsehung gewissermaßen in die Regie und Verwaltung der Christenheit übergegangen sei: „... und es würde die geplagte Menschheit ihr Heil von uns, von unserem weltgeschichtlichen Scharfblick, von den Programmen und Aktionen, von den in irgendeiner Zukunft zu erhoffenden Triumphen der Kirche zu erwarten haben. Da kommt man dann leicht in die Lage, so tun zu müssen, als ob der liebe Gott gestorben wäre, als ob es jedenfalls eine eigene Weisheit, Gerechtigkeit und Güte, einen Willen und Plan Gottes selbst hoch über unserem christlich-kirchlichen Wesen gar nicht gäbe, sondern das alles nur in Gestalt unserer Ansichten, Einsichten und Absichten, das alles nur in Gestalt unserer christlichen Versuche, Gott und unseren Nächsten gerecht zu werden."

„Aktion Schöpfungsbewahrung" als Protest gegen einen untätigen Schöpfergott – oder als eine neue Gemeinschaftsaktion nach Art des Turmbaus zu Babel? Angesichts vieler unterschiedlicher und sich wandelnder Appelle zum ‚Mitmachen' bei dieser ‚Bewahrung der Schöpfung' habe ich oft das Gefühl, dass ich vereinnahmt werden soll in eine Reisegesellschaft, in der niemand sagen kann oder will, wohin denn die Reise gehen soll und was uns am Reiseziel erwartet.

Eine düstere und geradezu tiefschwarze Vorstellung von unserer Zukunft predigt etwa jener evangelische Theologe Prof. Günter Altner, der als einer der Wortführer der Schöpfungsbewahrer und Vorreiter der neuen theologischen Disziplin „Ökotheologie" formulierte:

„Wir sind eine Schicksalsgemeinschaft der Lebenmüssenden, die nicht mehr die Freiheit hat, das Leben in den wechselnden Krisen des Werdens und Vergehens als Gabe und unerwartete Existenzermöglichung zu empfangen, der Lebenmüssenden, die nicht mehr sterben können und ihre Lebensansprüche auf Kosten des Mitlebens zu verewigen trachten. Wie soll in dieser Welt der tödlichen Lebenszwänge, die selbst über die Bedürfnisse der Kinder und Enkel hinwegplant, das Vertrauen in die unverfügbare absolute Zukunft des lebenschaffenden und heilenden Gottes noch wachsen können und Wirkung zeigen?“

Hier manifestiert sich der Jammer von Christen, die zerrissen sind von Hoffnungslosigkeit und Leiden an dieser Welt. Die nicht mehr glauben können und glauben wollen an die Zusage Jesu „Ich bin gekommen, damit sie das Leben haben – und es in Fülle haben.“ Und die dann angehen möchten gegen das, was ihnen als Mangel an sichtbarem Eingreifen Gottes oder Versagen der Menschheit angesichts drängender Zukunftsaufgaben oder was auch immer erscheint.

In einer Zeit, in der mit viel Aufgeregtheit von Gentechnologie bis hin zur Reproduktionsmedizin – wozu auch die Präimplantationsdiagnostik (PID) gehört – diskutiert wird, drängen sich Fragen nach Forschung im Zusammenhang mit dem Menschen geradezu auf. Und je weniger Journalisten und Theologen verstehen, um was es dabei eigentlich geht, umso dramatischer und angsterregender wird von ihnen formuliert. „Geschaffen nach dem Bilde Gottes“ – aber wenn es darum geht, was darunter denn wohl zu verstehen sei und welche Konsequenz sich daraus ergeben kann und soll, da haben selbst Theologen Schwierigkeiten, Rede und Antwort zu stehen.

Christen wollen sich den Menschen nicht als ein Produkt unwahrscheinlicher Zufälligkeiten vorstellen, sondern sehen einen ordnenden Willen des Schöpfers am Werk. Für Christen, die sich nicht in einer angstvollen ‚Suche nach Gewissheiten’ an eine ‚absolute Wahrheit’ des Textes des Alten Testaments klammern, ist Erweiterung des Wissens auch eine Herausforderung zu einem weitergehenden Verständnis der Schöpfung, wie sie uns schon im Alten Testament in erstaunlicher Modernität begegnet.

Besonders in dem Buch Jesus Sirach – als Zeugnis eines Judentums, das durch den Kontakt mit der griechischen Kultur weltoffen und wissenschaftszugewandt geworden war – werden Forschen und ehrfurchtvolles Erkennen bis hin zur Endlichkeit und Begrenztheit menschlichen Wissens in zwei zutiefst beeindruckenden Kapiteln dargestellt, aus denen ich in Auswahl einige Verse wiedergeben möchte:

„Durch Gottes Wort entstanden seine Werke; seine Lehre ist Ausfluss seiner Liebe. Die Heiligen Gottes vermögen nicht, alle seine Wunder zu erzählen. Nichts ist hinzuzufügen, nichts wegzunehmen, er braucht keinen Lehrmeister. Alle seine Werke sind vortrefflich, doch sehen wir nur einen Funken und ein Spiegelbild. Alles lebt und besteht für immer, für jeden Gebrauch ist alles bereit. Jedes Ding ist vom andern verschieden, keines von ihnen hat er vergeblich gemacht. Eines ergänzt durch seinen Wert das andere. Wer kann sich satt sehen an ihrer Pracht?
Sagten wir noch mal soviel, wir kämen an kein Ende; darum sei der Rede Schluss: Er ist alles.
Überaus ehrfurchtgebietend ist der Herr, unbegreiflich ist seine Stärke.
Wir können ihn nur loben, aber nie erfassen, ist er doch größer als alle seine Werke.
Wer kann ihn loben, wie es ihm entspricht?
Die Menge des Verborgenen ist größer als das Genannte, nur wenige von seinen Werken habe ich gesehen.
Alles hat der Herr gemacht, und den Frommen hat er Weisheit verliehen."

Forschung als Weg zur Erkenntnis der Wunder von Gottes Schöpfung und weiter zum Lobpreis der Größe Gottes – was ist heute davon übrig geblieben? Wird nicht Forschung heute viel häufiger als unheimlich, als bedrohend und beängstigend verstanden? Und wer persönlich keine Erfahrung mit Forschung hat oder Forscher kennt, der lässt sich leicht von Horrorbildern beeinflussen, wie sie von Massenmedien und selbst kirchlicher Presse gezeichnet werden: Dort ist es immer wieder gut verkäuflich, Forscher als von Machbarkeitswahn getriebene Dämonen oder Dienstboten finsterer Mächte darzustellen.

Aus dem in dem verlesenen Text so eindrucksvoll beschriebenen Wissen um die Größe Gottes als Schöpfer folgt dann für die Psalmbeter und Weisheitslehrer das große Staunen und der Dank dafür, dass sich dieser ferne Schöpfer so liebevoll seiner Geschöpfe annimmt, wie es die rhetorische Frage in Psalm 8 zeigt:

„Was ist der Mensch, dass du seiner gedenkst, und des Menschen Kind, dass du dich seiner annimmst?“

Und vom Menschen geht der Blick weiter zum Weltall, zum Kosmos:
„Die Himmel erzählen die Ehre Gottes, und die Feste verkündigt seiner Hände Werk.“
heißt es in Psalm 19 als nur einer von vielen gleichlautenden Stellen.

Auch hier geht Jesus Sirach im 43. Kapitel seines Buches ins Detail:
„Die Schönheit der Höhe, das klare Firmament und der gewaltige Himmel sind ein herrlicher Anblick. Des Himmels Schönheit und Pracht sind die Sterne, ein strahlender Schmuck in den Höhen Gottes.
Durch Gottes Wort stehen sie geordnet da und ermatten nicht bei ihrer Nachtwache.“
Und er schließt seinen Gottes Größe beschreibenden Lobpreis:
„Ihr, die ihr den Herrn lobt, singt laut, soviel ihr könnt, denn nie wird es genügen. Ihr, die ihr ihn preist, schöpft neue Kraft, werdet nicht müde, denn fassen könnt ihr es nie.“ (Einheitsübersetzung)

Gerade bei der Erforschung des Weltalls hat es in den letzten Jahren dramatische Fortschritte gegeben mit Bildern aus vorher unzugänglichen Weiten, mit Detailaufnahmen der Marsoberfläche und mit der Entdeckung von Planeten, die um ferne Sonnen kreisen. Weniger sensationell, aber mindestens ebenso aufregend ist die Entschleierung von bisher unzugänglichen Zusammenhängen: Bei der Frage nach den Bedingungen im Weltall, die menschliche Existenz überhaupt erst möglich machen.
Damit wir uns als Menschen entwickeln konnten und leben können, müssen viele Bedingungen erfüllt sein – nicht nur auf der Erde, sondern im ganzen Kosmos. Auf der Erde brauchen wir einen Temperaturbereich zwischen etwa 0 und 50°C, der ganz schmal ist gegenüber den Temperaturen von fast absolutem Nullpunkt zwischen den Sternen und Hunderten von Millionen Grad im Innern der Sterne. Und einen Druck und atembare Atmosphäre, die es ermöglichten, dass der Mensch Gestalt annehmen und sich entwickeln konnte. Dazu einen Strahlungsuntergrund, der dazu beitrug und nicht zu hoch und nicht zu niedrig war und ist – und darüber hinaus gehend eine Reihe anderer Bedingungen im atomaren und molekularen Bereich, auf die einzugehen zu weit führen würde. Nicht nur die Erde, sondern das ganze Weltall, soweit es unserer Beobachtung

zugänglich ist, ist „maßgeschneidert“ für unsere menschliche Existenz.

Das in der Schöpfungsgeschichte formulierte Wort Gottes vom ‚Garten, in dem der Mensch leben und den er bebauen und pflegen soll’ gilt im Lichte dieser Erkenntnisse nicht nur für die Erde, sondern für das ganze Weltall, in dem sich unser Heimatplanet Erde ‚als Staubkorn’ bewegt. Diese Erkenntnis, die als „anthropisches Prinzip“ bezeichnet wird, ist faszinierend. Und sie ist Herausforderung für eine Entscheidung für oder gegen den Glauben an einen Gott als Schöpfer. Für den Christen bestätigt sie das zielgerichtete Wollen und Wirken Gottes mit seiner Schöpfung und mit seinen Geschöpfen. Für den nicht-gläubigen Skeptiker, der einen Schöpfergott nicht akzeptieren will, ist das anthropische Prinzip ein Ärgernis, weil es ihn zwingt, nachzudenken oder sich zu seiner Erklärung einen eigenen, persönlichen Glauben zu konstruieren – nämlich sich das Weltall und in ihm den Menschen vorzustellen als ein Produkt von unendlich vielen, sich übereinander auftürmenden Zufällen und Unwahrscheinlichkeiten.

Das ‚anthropische Prinzip’ ist kein Beweis für die Existenz Gottes – es ist nicht mehr und nicht weniger als ein weiteres Stück jener ‚Erkenntnis der Größe des Schöpfers aus seinen Werken’, wie sie die Weisheitslehrer und Psalmisten des Alten Testaments begeisterte.

Warum konzentriert sich dieses Nachdenken über Schöpfung und Forschung, Erkenntnis und daraus folgendem Lobpreis Gottes so im Alten Testament – und warum steht so wenig davon im Neuen Testament?
Eine notwendige Frage – denn wir wollen doch wissen, was Jesus und sein bedeutendster Verkündiger Paulus dazu sagen.

Während die Weisheitslehrer des Alten Testaments jahrhundertelang nachgesonnen haben über dem, was ich eben schlaglichtartig aufzeigte, hat das Neue Testament einen ganz anderen Zeitrahmen: Nach der Überlieferung der Evangelien dauert die Zeit der Verkündigung Jesu etwa 3–4 Jahre oder noch weniger. Und etwa 25–40 Jahre dauerte die Zeit des rastlosen Wirkens des Apostels Paulus. Zeiten voller Dynamik, voller Druck und voller Hektik – wir wissen ja aus den Evangelien, welche Schwierigkeiten Jesus hatte, sich auch nur für kurze Zeit den ihn umringenden Menschenmassen zu entziehen, um Ruhe zu finden. Einfach keine Zeit für tiefsinnige Gedanken und Aussagen zu Schöpfung,

Forschung und Erkenntnis, weil anderes da viel wichtiger war.

Dennoch finden wir in Jesu Reden und Wirken zwei Aspekte hinsichtlich ‚Schöpfung': die Betonung ihrer Unverfügbarkeit für den Menschen, der seine Größe eben nicht nach Belieben steigern, der sich nicht mit der Pracht der Lilien des Feldes schmücken kann, der Wetter, Saat und Ernte nicht in seiner Hand hat und die dem Menschen nun einmal nicht gegebene Herrschaft über das, was zur Schöpfung gehört: über Sturm und Wellen, über die Produkte der Natur und über Krankheit und Tod. Mehr wird uns zum Thema Schöpfung in den Evangelien nicht berichtet.

Paulus geht diese Fragen unter drei ganz unterschiedlichen Aspekten an: die Begrenztheit unseres Wissens und unserer Erkenntnisfähigkeit, die Vorstellung einer „neuen Schöpfung" und den Sieg der Liebe Gottes über alles, was im weitesten Sinne zur ‚Schöpfung' gehört und deshalb dem Willen des Schöpfers unterworfen ist

„Denn unser Wissen ist Stückwerk, und unser prophetisches Reden ist Stückwerk. Wenn aber kommen wird das Vollkommene, so wird das Stückwerk aufhören.
Jetzt erkenne ich stückweise, dann aber werde ich erkennen, wie ich erkannt bin."

Diese bekannte Stelle aus dem Korintherbrief schließt an das an, was ich eben aus dem Buch Jesus Sirach zitierte und weist zugleich schon darüber hinaus. Paulus weiß, dass es erst in der Zukunft eine ‚Vollkommenheit' geben wird in der Form dessen, was als ‚die neue Schöpfung' bezeichnet wird.

Diese ‚neue Schöpfung', die mit der Auferstehung Jesu angefangen hat, wird die ‚alte Schöpfung', ablösen. In der Offenbarung des Johannes wird diese ‚neue Schöpfung' schließlich farbenprächtig ausgemalt in der Beschreibung des ‚neuen Jerusalem' Aber wird damit nun alles hinfällig, was im Alten Testament gesagt ist zu Schöpfung, Forschung und Erkenntnis der Größe Gottes aus seiner Schöpfung? Ich meine, nicht. Der Lobpreis Gottes aus der sich durch Forschung immer weiter erschließenden Vollkommenheit seiner Schöpfung und die Selbstoffenbarung Gottes in unsere Welt in Jesus Christus ergänzen einander. Und sie haben beide ihre Berechtigung in der Beantwortung der

Fragen, mit denen ich meine Predigt begann:

Wir können und sollen weiterhin Gottes gute Schöpfung erforschen zur Erkenntnis der Größe Gottes in der Vollkommenheit seiner Schöpfung – und im Rahmen des Auftrags, die Erde zu bebauen, zu pflegen und ‚uns untertan zu machen'. Und je mehr und je weiterreichend wir dies tun, umso mehr erschließt sich dem forschenden Christen die Liebe Gottes, der ihm als Person nachgeht und ihn sucht.

In dieser unendlichen Spannweite des großen und unfassbaren Gottes als Schöpfer, der zugleich liebender Vater jedes einzelnen seiner Geschöpfe sein will, sehe ich eines der großen Geheimnisse des christlichen Glaubens. Ein Geheimnis, das um Vieles größer ist als jenes Kleben an willkürlich herausgegriffenen Textstellen etwa des Alten Testaments. Ich kann einfach nichts damit anfangen, wenn Christen erklären, dass die „Wortwörtlichkeit“ dieser Textstellen für sie unverzichtbare Glaubensvoraussetzung sei.

Sehr überzeugend hat der Theologe und Astrophysiker George V. Coyne S. J. die Antwort eines glaubenden Forschers an solche Christen formuliert: „Die Schöpfungsgeschichte ist kein wissenschaftliches Lehrbuch. Sie sagt uns nicht, wie der Himmel funktioniert, sondern wie man dort hinkommt. Die Berichte von der Schöpfung – es gibt zwei verschiedene, die sich in einigen Punkten sogar widersprechen, falls wir sie als wissenschaftliche Beschreibungen auffassen – erzählen uns eher etwas über den Schöpfer als darüber, wie er schuf. In Form einer schönen Geschichte, geprägt von den mythischen Vorstellungen der damaligen Menschen, wird uns hier gesagt, dass es Gott war, der die Welt schuf – und uns, in zärtlicher, liebender Fürsorge.“

Hier kommt dann die Frage, was Forschung heute sein kann, sein soll oder nach Meinung einzelner sein sollte. Ist sie – wie es zunehmend auch viele Christen sehen wollen – 'Bedrohung' oder ‚Angstauslöser', oder soll sie weiterhin Schlüssel sein zum Staunen über die Vielfalt und Größe von Gottes Schöpfung und Werkzeug im Dienste seines Auftrags?

Als Physiker habe ich selbst viele Jahre lang geforscht und dabei in Deutschland und im Ausland viele Forscher kennengelernt. Ich habe nie jemand getroffen, der Forschung in der Weise missbraucht hat, wie es heute von mancher Seite behauptet und sensationsgierig dargestellt wird. Und ich habe eine Reihe von Forschern erlebt, denen ihr Glaube Richtschnur ihres Lebens und Arbeitens war. Natürlich ist es leicht, darüber zu klagen, dass es zu wenig ihren Glauben offen äußernde Christen unter den Forschern gibt und deshalb zu wenig ‚Forschung in christlicher Verantwortung'. Aber auch Forscher sind nun einmal Teil unseres weitgehend nur noch scheinchristlichen oder entchristlichten Volkes und darin keine ‚besonderen' Menschen. Und es gehört schon Außergewöhnliches dazu, die Verbindung von Forschung und persönlichem Glauben so überzeugend artikulieren zu können, wie der schon genannte Theologe und Astrophysiker V. C. Coyne. Auf die Frage „Können Sie Gott in Ihrer Forschung finden? Wie erkennen Sie sein Wirken im Universum?" antwortete er: „Ich finde Gott in meinen Forschungen, aber nur, weil er mich zuvor schon gefunden hat. Er schenkte mir, dass ich an ihn glaube, und dieser Glaube bestimmt mein ganzes Leben und besonders meine Forschung. Ich habe nie versucht, ihn durch Forschen zu finden. Aber seit er mich fand, bereichert mein Forschen meine Kenntnis über ihn."

Das Staunen darüber, dass sich dieser Schöpfer jedem von uns zugewandt hat und immer wieder zuwendet und dass er uns in Jesus Christus befreit hat von Ängsten, Zwängen und den dunklen Gewalten, die sich auch in der Schöpfung finden, gilt heute genauso wie zur Zeit des Paulus. Es ist uns allen aufgetragen, dieses Staunen weiterzugeben und die Liebe Gottes Menschen nahezubringen, die davon noch nichts gehört haben oder für die diese Botschaft abgenutzt oder verschüttet wurde.

Zu Jesu Zusage „Ich bin gekommen, damit sie das Leben haben und es in Fülle haben" gehört ein Umgang mit Zukunft, der von Erwartung und Zuversicht bestimmt ist und der auch unseren Einsatz für andere Menschen im Blick hat und dazu ermutigt – und keine Pseudopredigt von der Verzweiflung und Qual eines „Leben-Müssens". Nur wenn wir als Christen Erwartung und Zuversicht ausstrahlen auch in Situationen von Schwierigkeiten und Bedrängnis, werden wir andere Menschen überzeugen können, dass die Botschaft, die wir anbieten, eine ‚Gute Botschaft' ist, die auch in die Zukunft trägt. Daran sollen wir alle mitwirken nach den Fähigkeiten, die jedem einzelnen von uns gegeben sind.

1.3 Wissen und Weisheit

1. Korinther 3,18–23 (rev. Luther-Übersetzung 1984)
Niemand betrüge sich selbst. Wer unter euch meint weise zu sein in dieser Welt, der werde ein Narr, dass er weise werde. Denn die Weisheit dieser Welt ist Torheit bei Gott. Denn es steht geschrieben (Hiob 5,13):
„Die Weisen fängt er in ihrer Klugheit," und wiederum (Psalm 94,11):
„Der Herr kennt die Gedanken der Weisen, dass sie nichtig sind."
Darum rühme sich niemand eines Menschen, denn alles ist euer,
es sei Paulus oder Apollos oder Kephas, es sei Welt oder Leben oder Tod,
es sei Gegenwärtiges oder Zukünftiges, alles ist euer,
ihr aber gehört zu Christus, Christus aber ist Gottes.

„Man muss sehr viel wissen, um die richtigen Fragen stellen zu können" und „Man muss schon sehr viel wissen, um zu erkennen, dass man doch noch nichts weiß" – Aussagen dieser Art haben mich durch mein Physik-Studium begleitet, und ich habe sie auch persönlich erfahren in meiner Zeit aktiver Forschung. Das ist eben ‚Weisheit dieser Welt' – aber sollte die Weisheit der Gottesgelehrten, der Theologen, die sich mit dem Fragen nach Gott beschäftigen, nicht eine andere, eine bessere sein? Aber dem ist nicht so – denn schließlich weist schon der große Theologe Paulus mehrfach hin auf die Grenzen menschlichen Wissens und menschlichen Erkennenkönnens überhaupt. So, wenn er schreibt, dass unser Wissen und unser Weissagen nur Stückwerk ist, das einmal abgelöst werden wird durch die Erfahrung des Vollkommenen. Oder wenn er von dem dunklen Spiegel schreibt, in dem wir die Wirklichkeit heute nur verschwommen und schemenhaft erkennen können. Mir als Naturwissenschaftler ist das sehr vertraut, weil es auf der Ebene liegt jenes Ringens um Erkenntnis und Wissen, das ich eben angesprochen habe. Ich las ein sehr beeindruckendes Buch eines jüdischen Gelehrten, in dem er sich auseinandersetzt mit Jesus und seiner Botschaft – und in diesem Buch beschreibt der Rabbiner Jacob Neusner, dass gerade das Nachsinnen über Gott und das Fragen, wie Texte der jüdischen heiligen Schriften auszulegen sind, zentrales Anliegen jüdischer Theologie ist. In ihrem Streben nach Erkenntnis und Verständnis verhält sich ‚Weisheit der Gottesgelehrten' also gar nicht anders als das Streben der ‚Weisen dieser Welt' – beispielsweise der Naturwissenschaftler.

Die Weisheit dieser Welt als Torheit vor Gott – eine heikle Frage dahingehend, wozu die Weisheit dieser Welt in den Augen Gottes überhaupt gut ist oder sein kann. Ich frage mich manchmal, was Gott wohl denken mag über mit viel Eifer und viel Geist ausgetragene Auseinandersetzungen etwa zwischen christlichen Theologen und dann zwischen Christen selbst. Auseinandersetzungen, in deren Verlauf sich Christen so verbissen streiten können, dass sie den anders Denkenden und anders Argumentierenden gar nicht mehr als ernsthaften und rechtgläubigen Christen anerkennen wollen. Ein aktuelles Beispiel dafür ist etwa der Streit zwischen den sogenannten Kreationisten und den sogenannten Evolutionisten – und Gott mag lächeln über den Eifer, mit dem hier debattiert wird, als ob das ewige Heil damit verbunden wäre. Ein großer katholischer Wissenschaftler, der als Kosmologe die Abläufe im Weltall und damit auch bei der Entstehung der Erde erforscht hat und der zugleich als Priester freimütig seinen Glauben verkündet, spricht sehr klar von einem liebenden Schöpfergott, der die Erde erschaffen hat und sich daran freut, wie sie sich in einer von ihm großzügig gewährten Freiheit weiterentwickelt. Zu einer groben Veranschaulichung zieht Prof. George Coyne hier das Bild eines liebenden und zugleich großzügigen Vaters heran, der sich freut über die Entwicklung eines Kindes und der nur in äußersten Notfällen eingreift, um bleibenden Schaden zu verhüten. Warum dann also der Streit zwischen Kreationisten und Evolutionisten? Dieses Bild eines liebenden und großzügigen Vaters kann Wegweisung sein hin zu einer Vorstellung von der Weisheit eines persönlichen, liebenden Gottes, die menschlichen Vorstellungen und menschlichem Verstehenkönnen unzugänglich ist und immer unzugänglich bleiben wird.

Diese „Weisheit, die vor Gott gilt“ können sich Christen weder erkämpfen, ertrotzen noch erdienen. Gerade deshalb haben sich Christen seit der Zeit, aus der uns Paulus berichtet, immer wieder Vorbilder gesucht, von denen sie erhofften, dass sie ihnen etwas vermitteln konnten von eben dieser Weisheit. Und sie sind solchen Vorbildern gefolgt, haben sie geschätzt und schließlich verehrt – die Geschichte der christlichen Kirchen ist reich an solchen Vorbildern und Hoffnungsträgern. An die Stelle der Paulus, Apollos und Kephas, die unser Text erwähnt, sind heute andere getreten, denen Menschen folgen – mögen sie etwa Billy Graham, Ulrich Parzany, Schwester Teresa oder gar Papst Benedict XVI. heißen.

Aber – so jedenfalls unser Text – alle solchen Menschen, denen ein besonderes Charisma und die Gabe überzeugender Verkündigung geschenkt ist, sollen nicht als Sonderbesitz einzelner Gruppen vereinnahmt werden. Wichtig ist, dass ihre Begabungen allen zugute kommen – Begabungen, die etwas zeigen oder zumindest ahnen lassen von jener anderen Weisheit, die bei Gott gilt. Wer nach dieser Weisheit strebt, der wird in den Augen der Welt ‚unvernünftig' – ‚zum Narren', wie Luther übersetzt. Dabei soll dieser Hinweis des Paulus auf als Vorbilder verehrte Christen nur den Blick öffnen und weiten für das, was Christen wirklich geschenkt wird: Christen gehört unter der Herrschaft Gottes sehr viel mehr, nämlich die Verfügung über Gegenwart und Zukunft, über Leben und Tod. Wobei dieses ‚ist euer' der Luther-Übersetzung, für das heute in der Regel ein ‚gehört' gesetzt wird, von Paulus in den Rahmen gesetzt wird eines ‚ihr aber seid Christi, Christus aber ist Gottes'. Gottes, der letztlich Herr ist und bleibt über Leben und Tod, über Gegenwart und Zukunft.

Haben wir hier nun mit dem ‚alles ist euer' einen Widerspruch oder eine Anmaßung vorliegen? Ich denke, nicht. Denn auch wenn wir als Menschen nicht eine selbstherrliche Herrschaft über Tod und Leben, Gegenwart und Zukunft zugesprochen, geschweige denn verwirklicht bekommen – hier geht es um etwas, was den Zeitgenossen des Paulus große Schrecken einjagte und womit auch die Menschen unserer Tage nicht fertig werden: Es geht um die angstvolle Frage, wer denn eigentlich Herr ist über Tod und Leben, über Gegenwart und Zukunft. Für die Zeitgenossen des Paulus waren es unberechenbare Götter, die in den verschiedenen Teilen des römischen Reiches verehrt wurden und die mit regelmäßigen Opfern gnädig gestimmt werden mussten oder denen man sich in rauschhaften Festen nahen konnte.

Aber auch Menschen unserer Tage können Vorstellungen nachhängen von furchteinflößenden Mächten als Herren über Leben und Tod. Etwa von einem blinden Schicksal, von dem es in einem amerikanischen Soldatenlied heißt: „Wahllos schlägt des Schicksal zu – heute ich und morgen du!" oder von einer unsichtbaren Macht der Sterne, denen erstaunlich viele Menschen zutrauen, Macht zu haben über ihr Leben und dessen Ablauf zu bestimmen.

Und es gibt unter uns verunsicherte bis völlig haltlose Menschen, die höchst fragwürdige Geborgenheiten und Wegweisungen für ihr Leben suchen: Sie suchen oder konstruieren sich selbst alle möglichen Herren und Gewalten, denen sie dienen und die sie sich gnädig stimmen wollen. Gerade hier liegt dann auch das Tröstliche unseres Textes, seine ‚Frohe Botschaft': Christen, ihr braucht keine Angst zu haben! Tod und Leben, Gegenwart und Zukunft, die sind euer, die gehören euch, weil sie unter der Herrschaft Gottes stehen. Für Gott zählen sie noch weniger als ihr, die ihr zu Christus gehört – und weil sie für Gott erst nach euch kommen, deshalb sind sie euer! Es ist diese entscheidende Neu- und Umordnung der Herrschaftsverhältnisse, die eingesetzt hat mit der Auferstehung Jesu Christi und die der Evangelist bezeugt, wenn er Jesus Christus zitiert: ‚Mir ist gegeben alle Gewalt im Himmel und auf Erden!' Die Weisheit, die vor Gott gilt, ist deshalb Torheit für diese Welt, weil sie einen neuen, einen veränderten, einen in Christus neu geborenen Menschen im Blick hat – den Menschen, der in Jesu Nachfolge getreten ist. Das erklärt die Feststellung unseres Textes, dass die Weisen, die sich ihrer Weisheit so sicher sind und auf sie berufen, töricht werden müssen. – und das tröstet die Menschen, die in dieser Nachfolge befreit werden und dann frei sein können von den Ängsten, die vorher ihr Leben beherrscht haben. In dieser Zusage wird dann unser Text ein Text des Trostes und ein Text der Hoffnung: die Weisheit dieser Welt und die Ängste dieser Welt sind für Christen kein Maßstab mehr und kein Zaun, der sie trennen kann von der Liebe Jesu Christi und von der Herrschaft eines Gottes, der uns Vater sein will.

Es ist eine Erfahrung, dass heute immer mehr Menschen nicht mehr unterscheiden können zwischen Weisheit und zwischen Wissen, die letztlich etwas völlig Unterschiedliches sind und nichts miteinander zu tun haben. Wissen zu haben, das bedeutet in der Regel, bessere Chancen im Leben zu haben – und so bemühen sich unzählige Menschen um den Erwerb von ‚Wissen': allein die Zahl der Studenten in unserem Land beläuft sich auf 2–3 Millionen! Aber Wissen ist etwas anderes als Weisheit: Man kann sehr viel Wissen aufgehäuft haben ohne darüber weise geworden zu sein. Um zu Weisheit zu kommen – und erst recht, um etwas zu ahnen von jener Weisheit, die vor Gott gilt! – braucht man keine Universitätsausbildung als Voraussetzung. Und die Weisheit, die vor Gott gilt, die steht auch nicht auf den Lehrplänen der Spitzenuniversitäten dieser Welt. Sie ist ein Geschenk, dem sich der einzelne öffnen kann – und wenn sie kommt, dann kommt sie mit dem Glauben und aus dem Glauben. So antwortete der vorher genannte

Astrophysiker und Kosmologe Prof. Coyne auf die Frage, ob er denn bei seinen Forschungen im Weltall Gott finden könne oder gefunden habe, sehr einfach: „Ja, ich finde Gott in meinen Forschungen – nachdem er mich zuerst gefunden hat!“ Das Geschenk der Weisheit – und insbesondere eines Stückchens der besonderen Weisheit, die vor Gott gilt – ist nicht daran gebunden, dass der Empfänger schon eine gute Portion an ‚Wissen dieser Welt' mitbringt oder über einen angemessenen Platz in der Gesellschaft verfügt.

Bei Behörden, bei Kliniken oder bei großen Firmen gibt es immer einen sogenannten ‚Verteiler', der bestimmt, wer welche Informationen zu bekommen hat. Über dem Verteiler des Geschenkes ‚Weisheit, die vor Gott gilt' steht als Motto das Wort Jesu, das er einmal an Paulus gerichtet hat: „Lass dir an meiner Gnade genug sein, denn meine Kraft ist in den Schwachen mächtig“. Mächtig im Glauben derer, die in Jesus ihren Herrn und im Glauben an ihn ihren Halt gefunden haben – und bei ihnen findet sich dann und bei ihnen sammelt sich dann jene ‚Weisheit, die vor Gott gilt' und die in dieser Welt als Torheit angesehen wird. Es ist dann eine interessante Frage, was wir als Christen heute mit diesem Wort von der ‚Weisheit, die vor Gott gilt' anfangen können. Wenn sich schon eine ‚Weisheit dieser Welt' bei immer weniger Menschen findet – auch deshalb, weil sie nicht aus dem Computer geholt und heruntergeladen werden kann, wie es bei Fragen zum ‚Wissen' der Fall ist – wie steht es dann um jene ‚Weisheit, die vor Gott gilt'? Wenn sie ‚Geschenk von Gott' ist, dann bleibt mir nur, ihn zu bitten, dass er die Weichen in meinem Leben so stellt, dass sie mich zu der Erkenntnis führen, dass er es gut mit mir meint auch durch mögliche Durststrecken und Zeiten von Niederlagen und Anfechtung hindurch. Und aus dieser Erkenntnis und der Erfahrung der Liebe Gottes zu mir, die er auch für mich in Jesus hat Gestalt annehmen lassen, kann dann jene ‚Weisheit, die vor Gott gilt' auch für mich erwachsen als sein Geschenk.

2 Mythos Abraham: unvergänglich und aktuell

2.1 Sarai als Sexsklavin

Predigt über 1. Mose 12,10–20

Immer wieder wird darüber geklagt, dass das Wissen um die Bibel bei Jugendlichen und kirchenfernen Erwachsenen katastrophal schlecht ist. Eine der dafür gegebenen Erklärungen geht dahin, dass es allzu zeitaufwendig und geradezu langweilig sei, sich hineinzufinden in ein Verständnis der Lebensumstände zur Zeit des Alten und des Neuen Testaments. Ein Verständnis, das doch schließlich Voraussetzung dafür sei, die in beiden Testamenten verwendeten Bilder für heutige Zuhörer oder Leser lebendig und aussagekräftig werden zu lassen. Das sind Vorbehalte, für die ich viel Verständnis habe: auch ich habe mich schon so manches Mal gelangweilt, wenn ein Prediger langatmig versuchte, religionsgeschichtliche Hintergründe zu erklären und darüber kaum noch oder gar nicht mehr ‚zur Sache' kam. Auch wenn es inzwischen eine Vielzahl von Büchern zum Thema ‚Palästina zur Zeit des Alten Testaments' oder ‚zur Zeit Jesu' gibt – wie viele sind denn schon bereit, solche Bücher durchzuarbeiten als Vorbedingung dafür, sich etwas sagen zu lassen von der Botschaft Jesu oder der der alttestamentlichen Propheten?

Aber wenn einmal ernst gemacht wird mit einer Beschreibung biblischer Sachverhalte in der Sprache unserer Zeit – müssen wir dann nicht mit Aufschreien rechnen von Leuten, die nicht akzeptieren wollen oder können, dass die Verfasser gerade der Bücher des Alten Testaments sehr direkt zur Sache und absolut nicht im Einklang mit den Moralvorstellungen gutbürgerlicher oder gar prüder Christen geschrieben haben?

„Wirtschaftsflüchtling bietet außergewöhnlich schöne, exotische Frau als Sexsklavin, wenn er dafür Aufenthaltserlaubnis und Unterhalt bekommt" – dies ist in Kurzfassung und in der Sprache unserer Tage die Beschreibung des Geschehens, von dem im 12. Kapitel des 1. Buches Mose berichtet wird. Ich lese die Geschichte von dem Wirtschaftsflüchtling Abram, der in Ägypten eine Überlebensmöglichkeit sucht, in der Übersetzung der ;Guten Nachricht':

Damals brach im Lande Kanaan eine schwere Hungersnot aus. Darum suchte Abram Zuflucht in Ägypten. Als er an die ägyptische Grenze kam, sagte er zu seiner Frau Sarai: „Ich mache mir Sorgen, weil du so schön bist. Wenn die Ägypter dich sehen, werden sie sagen: ‚Das ist seine Frau' und sie werden mich totschlagen, um dich zu bekommen. Sag deshalb, du seiest meine Schwester, dann werden sie mich am Leben lassen und deinetwegen besonders gut behandeln. In Ägypten traf ein, was Abram vorausgesehen hatte. Überall fiel Sarai durch ihre Schönheit auf. Die Hofleute erzählten dem Pharao von ihr, und er ließ sie in seinen Palast holen. Ihr zuliebe war er freundlich zu Abram und schenkte ihm Schafe und Ziegen, Rinder, Esel und Kamele, Sklaven und Sklavinnen.

Der Herr aber bestrafte den Pharao und seine Familie mit einer schweren Krankheit, weil er sich die Frau Abrams genommen hatte. Da ließ der Pharao Abram rufen und sagte zu ihm: „Warum hast du mir das angetan? Du hättest mir doch sagen können, dass sie deine Frau ist! Aber du hast sie für deine Schwester ausgegeben, nur deshalb habe ich sie mir zur Frau genommen. Nun, sie gehört dir; nimm sie und geh!" Der Pharao befahl einer Abteilung Soldaten Abram mit seiner Frau und seinem ganzen Besitz über die Grenze zu bringen.

Soweit der Text – und es ist sicher ein Stoff, zu dem man einen farbenprächtigen Film drehen oder einen umfangreichen Roman schreiben könnte, zumal historische Filme und Romane um schöne Frauen heute Hochkonjunktur haben. Und wenn ein in der Sache vergleichbarer Vorgang heute publik würde, dann wäre das ein gefundenes Fressen für die Zeitungen, die zum einen Moral predigen, zum andern aber die Wünsche ihrer Leser nach Berichten über Sex und Verbrechen befriedigen möchten. Und sie würden sich darum reißen, möglichst freizügige Abbildungen einer solchen Schönheit zu bringen.

Von den Aspekten, die sich aus diesem biblischen Bericht ergeben, scheinen mit zwei besonders wert, verfolgt zu werden, weil sie Fragen aufwerfen, die Christen zum Nachdenken anregen können und sollten.

Da ist zum einen die Frage nach der Moral der Darstellung dieser Geschichte. Nach heutigem Forschungsstand ist der vorliegende Text etwa um 600 v. Chr. formuliert und später noch redigiert worden – mindestens 1000 Jahre nach dem Geschehen selbst, als der Stammvater

Abraham längst zu einer mythisch verklärten Heldengestalt in der Geschichte Israels geworden war. Und als seine Frau Sara als Mutter Isaaks ebenfalls hohe Verehrung genoss. Ungeachtet dieser überragenden Bedeutung beider haben sich die Geschichtsschreiber des damals um seine historische Identität bemühten Volkes Israel nicht gescheut, diese doch so wenig ruhmreiche Geschichte aufzuzeichnen! Der große Glaubensheld Abraham als Lügner und Betrüger, der mit dem Verkauf seiner Frau nicht nur sein Leben rettet, sondern gleich noch kräftig ‚absahnt', so dass er zum wohlhabenden Mann wird. Und die verehrte ‚Stammmutter Sara' als Sexsklavin im Harem und im Bett des Pharao – denn anders ist das ‚und ich habe sie mir zur Frau genommen' als Aussage des Pharao wohl nicht zu deuten. Auch wenn die Bezeichnung ‚Sexsklavin' provozierend klingt, so beschreibt sie doch den vorliegenden Sachverhalt. Schließlich dokumentiert die Geschichtsschreibung Ägyptens, dass die Pharaonen ihre rechtmäßigen Frauen sehr sorgfältig nach angemessener Herkunft und in der Regel auch aus politischen Rücksichtnahmen auswählten. Eine wilde, unzivilisierte Schönheit aus einer halbverhungerten Nomadenfamilie mag da zur kurzfristigen sexuellen Stimulierung eines an die kultivierten Frauen Ägyptens gewöhnten und von diesen gelangweilten Pharao durchaus aufreizend erschienen sein, wäre aber als anerkannte Frau unvorstellbar gewesen.

Dabei ist dieser betrogene Pharao die nobelste Figur in dieser Geschichte, weil er das Betrügerpaar nicht hinrichten, sondern voller Großmut mit allem ergaunerten Besitz sicher über die Grenze bringen lässt.

Beeindruckend, dass die Geschichtsschreiber Israels dieses Geschehen so unverblümt darstellen durften und dass die Priester keinen Anstoß daran nahmen. Eine Offenheit, die sie auszeichnet gerade vor Christen unserer Zeit, die alle derzeitigen und möglichst auch vergangenen Heiligen mit der blütenweißen Weste eines makellosen Lebenswandels sehen und deren Schwächen verschweigen möchten. Als in der Zeitschrift ‚ideaSpektrum' etwas über den ‚wirklichen Martin Luther King' mit seinen sexuellen Ausschweifungen geschrieben wurde, was diesen Vorstellungen von einem ‚Heiligen' gerade nicht entsprach, da gab es wütende Aufschreie der Entrüstung, dass man das Bild dieses Mannes doch nicht verdunkeln dürfe. Und solche strahlenden Bilder der Erinnerung möchte man eben auch von vielen anderen konstruieren und bewahren – und entrüstet sich pflichtschuldigst, wenn Historiker zeigen, dass anerkannte Heilige eben doch nicht ‚heiligengemäß' gelebt haben. Und genau hier, meine ich, ist diese Geschichte aus der grauen Vorzeit Israels auch für uns wichtig und beispielhaft: Gott hält sein ‚Ja' zu einem Menschen auch da durch, wo dieser seine eigenen Wege geht und sich nach menschlichen Begriffen alles andere als ehrenhaft verhält. Denn wenn Gott gewollt hätte, hätte er Abram sicher auch andere Wege öffnen und ihn nicht in diese Versuchung führen können.

In einem Kommentar weist der Alttestamentler Prof. Zenger darauf hin, dass Abrams Zug nach Ägypten und sein Verhalten dort ganz ohne Weisung Gottes und damit ‚im Alleingang' erfolgt ist: Gott greift erst dann ein, als Sarai im Harem des Pharao auf Nimmerwiedersehen zu verschwinden droht – wobei es auch bemerkenswert ist, dass sie in der ganzen Geschichte überhaupt nicht zu Wort kommt und nur in der Rolle eines schweigenden Opfers in Erscheinung tritt. Ihr wird einfach klar gemacht, dass und warum sie sich ‚zu opfern' habe. Dass sich Abram gleichzeitig mit ägyptischen Sklavinnen vergnügen konnte, die er als Kaufpreis für sie erhielt, das dürfte ihr besonders bitter aufgestoßen sein.

Gott bleibt seinen Auserwählten auch im Versagen treu – und so kann diese Geschichte uns auch heute noch Botschaft sein: Wenn Gott einmal ‚ja' gesagt hat zu einem Menschen, dann ist die Gestaltung eines moralisch untadeligen Lebens aus eigener Kraft dafür nicht Vorbedingung oder bleibende Verpflichtung. Gott hat Verständnis für lebensbedrohende Nöte und Ängste, die Menschen aus der Bahn werfen und eigenmächtig handeln lassen – und er ist großzügig auch solchen Versagern gegenüber. Und damit ist die Botschaft dieser Geschichte eine sehr tröstende: Gott sagt ja und bleibt bei seinem ja auch im Hinblick auf Menschen, die nicht in allem leuchtende Vorbilder sind, die versagen und die nicht einen untadeligen Lebenslauf vorweisen können.

Vor einiger Zeit wurden in ‚ideaSpektrum' und anderswo Männer und Frauen vorgestellt, die nach Jahrzehnten treuen Dienstes in Verkündigung, Mission oder Diakonie in den wohlverdienten Ruhestand verabschiedet wurden. Mit allen Ehrungen, die nun einmal dazu gehören. Und es hat mich sehr beeindruckt, wie bei fast allen der so Geehrten gerühmt wurde, dass sie nach einer Entscheidung für Jesus oder nach einer Bekehrung in ganz jungen Jahren zwischen 40 und 50 Jahre lang treu und unverbrüchlich ihren Dienst erfüllt hätten, immer geradlinig auf dem rechten Weg. Über Zweifel und Versagen dagegen wurde natürlich nichts verlautet: Allesamt nur leuchtende Vorbilder! ‚Ehre, wem Ehre gebührt!' – aber leisten die, die solche Lobpreisungen in die große Öffentlichkeit tragen, anderen Christen wirklich einen Dienst, wenn sie so überschwenglich darlegen, wie Vorbildchristen beschaffen sein sollen, zu denen andere dann nur ehrfurchtsvoll aufblicken können? Ehrfurchtsvoll, im Wissen um eigene Unvollkommenheiten und dann vielleicht sogar ein wenig neiderfüllt? Denn es gibt eben doch in viel größerer Zahl jene ‚Durchschnittschristen', die sich viel Mühe geben und doch niemals an diese Vorbilder herankommen werden. Durchschnittschristen, die etwa – was bei Christen, die sich als moralisch vorbildlich empfinden, immer noch Grund zum Naserümpfen ist! – eine gescheiterte Ehe hinter sich und ein zweites Mal geheiratet haben oder die in einer nicht durch Eheschließung legalisierten Beziehung leben oder gelebt haben. Es gibt viele Arten von ‚Durchschnittschristen' – und auch ich gehöre dazu – bei denen niemand beim Übergang in den Ruhestand oder am Ende ihres Lebens großartige Würdigungen über ihren Einsatz in Verkündigung, Zeugnis, Mission oder Diakonie formulieren wird – auch wenn sie sich im Rahmen ihrer Möglichkeiten sehr abgemüht haben. Bei denen es kein festes Datum einer ‚Bekehrung' gibt und über die auch nicht von einem selbstlosen und ganz dem Dienste unseres Herrn geweihten Leben berichtet werden kann, sondern nur von Mühen, von Anfechtungen und von Scheitern bei noch so viel gutem Willen gesprochen werden könnte.

„Das Gute, das ich immer tun wollte, das habe ich nicht geschafft – aber das Böse, das ich nicht wollte, das hat immer wieder mein Tun bestimmt" – diese Klage des Apostels Paulus ist doch viel häufiger Beschreibung eines Christenlebens. Genauso werde ich einmal vor Jesus treten, wenn er mich nach meinem Leben fragt. Und da kann es mir Trost sein, dass auch andere, zu denen Gott ‚ja' gesagt hat, nicht immer nur ‚moralisch und heiligengemäß' gehandelt haben, Dass Gott hier großzügig gewesen ist und – und dies ist doch unser aller Hoffnung – dass er es auch mir gegenüber sein wird. „Und rechnete ihnen ihre Sünden nicht zu ..." – diese Episode aus der Geschichte Abrahams, deren sich die alten Israeliten

nicht schämten, ist ein frühes Beispiel dafür.

Und der zweite Aspekt, der mir besonders wichtig erscheint?

In einer Zeit, in der über Asylgesetzgebung und Zuwanderung gestritten wird und in der die Bilder von Wirtschaftsflüchtlingen, die an süditalienischen Inseln stranden, ebenso über die Bildschirme flimmern wie die Elendsbilder aus Afrika, Asien oder Südamerika, da ist die Frage nach der Aufnahme solcher Flüchtlinge höchst aktuell. So wie Abram vor den 3500 bis 4000 Jahren, als sich diese Geschichte ereignet haben mag, vor der Tür des reichen und für seine Wirtschaftskraft bekannten Ägypten stand, so stehen die Wirtschaftsflüchtlinge heute vor den Türen Europas. Und auch das Erkaufen von Aufenthaltserlaubnissen ist heute so aktuell wie damals:

Immer wieder gab und gibt es Berichte darüber, wie Beamte und Angestellte sich bestechen ließen, um solche Erlaubnisse auszustellen und Berichte von ‚Scheinheiraten gegen Geld', um so Aufenthaltserlaubnis zu bekommen, zeigen, dass auch dies ein aktuelles Problem geblieben ist. Und selbst die exotischen Schönheiten, die angeboten werden, gibt es heute wie damals: Wir haben einen Bekannten, der vor vielen Jahren eine Phillipinin heiratete, und obwohl die Ehe geschieden wurde, bedrängt ihr Familienclan ihn bis heute mit Forderungen, sie zu unterstützen. Inzwischen warnen seriöse Reiseführer geradezu davor, sich etwa mit Südseeschönheiten einzulassen, weil diese von ihren Familien gedrängt werden, in den Vorstellungen dieser Familien als unermesslich reich geltende Europäer oder US-Amerikaner zu heiraten, damit der Familienclan lebenslang versorgt wird.

Nun liegt es nahe zu sagen: „Das sind zum Glück nicht unsere eigenen Probleme und dafür sind die Politiker, die Verwaltungen und letztendlich die Gerichte zuständig." Und dazu bewirken immer wieder gezeigte Elendsbilder einen Abstumpfungseffekt und zugleich das Gefühl einer Hilflosigkeit , dass der einzelne angesichts dieses Massenelends ja doch hilflos ist.

Da braucht es denn schon eigene Erlebnisse oder glaubwürdige Berichte von Menschen, die uns nahestehen und dadurch glaubwürdiger sind als professionelle Medienvertreter, um uns anzurühren und aufzurütteln.

Ganz besonders beeindruckt hat meine Frau und mich, als chinesische Studenten aus Nordchina uns erzählten, wie vom Hungertod bedrohte Menschen aus Nordkorea über die schwer bewachte Grenze nach China fliehen, um dort wenigstens überleben zu können und dabei angewiesen sind auf das Wohlwollen und das Mitgefühl der selbst bettelarmen chinesischen Dorfbewohner in jenem Grenzgebiet. Und wenn ich dann selbst in der Begegnung mit einem Wirtschaftsflüchtling persönlich getroffen und persönlich gefordert werde, dann wird die Frage, wie ich mit dieser Herausforderung umgehe, auch eine Anfrage an die Ernsthaftigkeit und Konsequenzen meines Glaubens: „Ich war fremd und obdachlos, und ihr habt mich aufgenommen" sagt Jesus in seiner großen Rede vom Endgericht zu denen, denen er das Reich Gottes zuspricht.

Ich begann mit einer provozierend wirkenden Aktualisierung einer Geschichte, die nun wirklich nicht zu den Kerngeschichten des Alten Testaments gehört, die sich dann aber als gar nicht verstaubt, sondern als höchst aktuell und geradezu als Brücke über die Zeit erwies. So nebensächlich sie im Kontext des 1. Buches Moses auch erscheinen mag, so ist sie doch ein bemerkenswertes Zeugnis für Gottes Souveränität und Großzügigkeit einem Menschen gegenüber, der in einer schwierigen Situation eigene Wege gehen wollte – und für Gottes Liebe, die auch dann hält und trägt. Eine Liebe, die unsere Vorstellungen von dem, wie Gott eigentlich handeln und urteilen sollte, weit übersteigt. Diese Liebe ist unser Trost und unsere Hoffnung – und sie drängt uns, auch anderen etwas davon abzugeben und spürbar werden zu lassen.

2.2 Hagar – zur Leihmutter verurteilt

1. Mose 16,1–16

Im Alten Testament werden uns viele Menschen vorgestellt, an denen uns gezeigt wird, wie Gott an ihnen und durch sie handelt. Und oft wird dann ein ganzes Leben vor uns ausgebreitet mit Höhen und Tiefen, mit Gottes Zusagen und Gottes Treue – und mit menschlichem Versagen angesichts von Versuchungen und Ängsten.

Das gilt ganz besonders für Abraham, mit dem die Geschichte des Volkes Gottes ihren Anfang nimmt. Jener Abraham, über den Theologen sehr geteilter Meinung sind, ob er wirklich eine in Zeit und Raum zu verortende geschichtliche Persönlichkeit war und der von Juden, Christen und Muslimen sehr unterschiedlich gesehen wird. Ich las kürzlich eine sehr interessante Darstellung dazu, wie diese drei Religionen, die sich als die sogenannten ‚abrahamitischen Religionen' auf ihn berufen, völlig unterschiedliche Vorstellungen mit ihm verbinden.

Abraham als der treue Gefolgsmann Gottes – so stellt ihn uns das Alte Testament vor und so sieht ihn denn auch Paulus im Neuen Testament.. Da, wo es um Gottes Auftrag und Gottes Sache geht, da ist er ein Vorbild – aber zugleich zeigt er sich da, wo er als Mensch gefordert wird und Charakterstärke zeigen sollte, immer wieder als Versager und oft als geradezu jämmerlicher Schwächling. Das gilt auch für das Geschehen in dem Text, über den ich heute mit Ihnen nachdenken möchte. Ich lese das 16. Kapitel des 1. Buches Mose in der Übersetzung der ‚Hoffnung für Alle':

Abram und Sarai bekamen keine Kinder. Da schlug Sarai ihrem Mann vor: „Der Herr hat mir keine Kinder, geschenkt. Aber nach den geltenden Gesetzen kannst du mir durch eine Sklavin Kinder schenken. Ich habe doch eine ägyptische Sklavin, die heißt Hagar. Ich überlasse sie dir. Vielleicht wird mir durch sie ein Kind geboren."

Abram war einverstanden, und Sarai gab ihm Hagar zur Nebenfrau. Sie lebten zu der Zeit schon zehn Jahre im Lande Kanaan. Er schlief mit Hagar, und sie wurde schwanger. Als Hagar wusste, dass sie schwanger war, sah sie auf ihre Herrin herab. Da beklagte Sarai sich bei Abram: „Jetzt, wo Hagar weiß, dass sie ein Kind bekommt, verachtet sie mich – dabei war ich es, die sie dir überlassen hat! Du bist schuld, dass ich jetzt so gedemütigt werde! Der Herr soll darüber urteilen!" „Sie ist dein Eigentum" erwiderte Abram, „ich lasse dir freie Hand – mach mit ihr, was du willst!"

In der folgenden Zeit behandelte Sarai Hagar so schlecht, dass sie davonlief. Der Engel des Herrn fand sie an einer Quelle in der Wüste auf dem Wege nach Schur und fragte sie: „Hagar, Sklavin Sarais, woher kommst du und wohin gehst du?" „Ich bin meiner Herrin Sarai davongelaufen", antwortete sie. Da sagte der Engel zu ihr: „Geh zu ihr zurück. Bleib ihre Sklavin! Der Herr wird dir so viele Nachkommen schenken, dass man sie nicht mehr zählen kann. Du wirst einen Sohn bekommen. Nenne ihn Ismael, denn der Herr hat gehört, wie du gelitten hast Dein Sohn wird wie ein wildes Tier sein, das niemand bändigen kann. Er wird mit jedem kämpfen und jeder mit ihm. Aber niemand kann ihn wegjagen. Er wird in der Nähe seiner Verwandten wohnen."

Da rief Hagar aus: „Den, der mich angeschaut hat, habe ich tatsächlich hier gesehen!" Darum gab sie dem Herrn, der mit ihr gesprochen hatte, den Namen: „der Gott, der mich anschaut". Seitdem wurde diese Quelle „Quelle des Lebendigen, der mich anschaut" genannt. Sie liegt zwischen Kadesch und Bered. Hagar ging wieder zurück. Sie bekam einen Sohn, und Abram nannte ihn Ismael. Abram war zu dieser Zeit 86 Jahre alt.

Auch dieser Text lässt sich wie ich es bei der vorhergehenden Predigt gezeigt habe – sehr aktuell und ganz in der Sprache unserer Zeit darzustellen:

„Reiche Frau, deren biologische Uhr abgelaufen ist, zwingt versklavte Ausländerin, für sie den Dienst einer Leihmutter zu übernehmen. Und behandelt diese dann so schlecht, dass sie voller Verzweiflung flieht mit dem Risiko, in der Wüste umzukommen oder getötet zu werden. Dabei steht der Mann seiner dominanten Frau völlig hilflos gegenüber."

Es ist tief beeindruckend, wie feinfühlig die Verfasser dieses Berichtes hier Gefühle und Zusammenhänge gezeichnet haben. Abrams Frau Sarai, die hier als herrschsüchtig und böse erscheint, schleppt aus ihrer Vergangenheit ein Trauma mit, das ihr Leben und ihre Beziehung zu ihrem Mann vergiftet: die Erfahrung, über die in der vorangehenden Predigt berichtet wurde. Wenn es in deren Text (1. Mose 12,10–20) heißt ‚und der Pharao nahm sie zur Frau', dann ist das sicher eine sehr dezente Andeutung dessen, wie es ihr ergangen sein mag im Harem des ägyptischen Gott-Königs und wie sie dieses ‚zur Frau genommen werden' erlebt und in ihrer Erinnerung abgespeichert hat. Es ist

Erfahrung der Nachkriegszeit, dass viele der damals von russischen oder französischen Soldaten vergewaltigten Frauen diese Erinnerungen nie losgeworden sind und gleichsam ‚rot' sahen, wenn ihnen später Menschen dieser Nationalitäten begegneten. Es mag Sarai genauso gegangen sein – und es kann durchaus sein, dass ihre Unfruchtbarkeit auf dieses schockierende Erlebnis zurückzuführen war und vielleicht von ihr auch damit in Zusammenhang gebracht wurde. Und da zu dem Preis, den Abram für sie bekam, eben auch ägyptische Sklavinnen und Sklaven gehörten, hatte sie immer Ägypter vor Augen – Angehörige eines Volkes, dessen Herrscher ihr so Schlimmes angetan hatte.

Da erzwungene Leihmutterschaft in der Sklavenhalter-Gesellschaft des Alten Orients gängige Praxis war – die Geschichte von Jakob und seinen beiden Frauen, die in der Geschichte Israels zeitlich später angesiedelt ist, bietet ein sehr eindringliches Beispiel dafür – griff eben auch Sarai zu diesem Mittel, damit die Familie einen Erben bekommen sollte. Aber mit dieser gängigen Praxis, in der Sarai Abram auffordert, dieses ägyptische Sklavenmädchen Hagar in ihrem Sinne ‚zu gebrauchen', musste zwangsläufig eine neue Angst kommen: Was, wenn er Gefallen fand an dieser soviel jüngeren und exotischen Frau? Wenn er an ihr Vorzüge fand, die ihm Sarai nicht oder nicht mehr bieten konnte? Um dem vorzubeugen, mussten dann doch weitere Kontakte überwacht und die Sklavin möglichst isoliert werden! Sehr nachvollziehbare Gedanken einer verbitterten alten Frau, die mit ihrem Mann noch eine offene Rechnung zu begleichen hatte.

Und die ägyptische Sklavin Hagar? Auch ihre Gedanken in Richtung Sarai sind nur allzu gut nachvollziehbar: „Du kannst mich quälen, schlagen und auf jede erdenkliche Art demütigen – aber du bist nun einmal eine alte Frau, die nicht mehr in der Lage ist, ein Kind zu bekommen". Und auch wenn Hagar sich gehütet haben mag, derlei auszusprechen: Man kann sehr wohl durch Haltung und Auftreten Würde, Stolz und Verachtung zum Ausdruck bringen auch unter Schlägen und vielfältigen Quälereien. Es zeigt, wie sehr Sarai von ihrer Verbitterung geprägt ist, dass sie nach Abram ruft, um Hagar in ihre Schranken zu weisen – und das heißt doch, sie noch weiter zu demütigen. „Du bist schuld an allem! Auch daran, dass ich kein Kind bekommen konnte! Und du lässt es zu, dass dieses ägyptische Nichts mich jetzt auch noch verachtet, sich einbildet, mehr oder besser zu sein als ich! Mach ihr ein für allemal klar, dass sie eine Sklavin, ein Nichts ist!" – so oder ähnlich mag sie ihrem Mann Vorwürfe gemacht haben. Einem Abram, der angesichts solcher sich sicher wiederholender Ausbrüche dann nur noch in Deckung gehen und sich den Burnus über den Kopf ziehen konnte: „Es ist deine Sklavin! Mach mit ihr, was du willst, aber lass mich endlich in Ruhe!"

Dass Hagar in dieser Hölle dann lieber das Risiko auf sich nahm, in der Wüste zu verdursten oder als entlaufene Sklavin umgebracht zu werden und dies mit nur einer minimalen Chance, etwa nach Hause zu kommen, ist verständlich: Lieber den Tod, als auf Dauer in einer solchen Knechtschaft dahinzuvegetieren und dies auch mit einem Kind im Leib, das sie niemals als ihr eigenes würde ansehen dürfen. Das alles ist menschlich sehr gut nachvollziehbar und wäre Stoff für einen der derzeit beliebten historischen Romane oder Filme.

Was dann aber passiert, das ist nicht mehr nachvollziehbar, weil es einen Einbruch Gottes in die Geschichte darstellt. Denn Gott handelt ganz anders, als man es erwarten konnte. Wenn er denn dies alles missbilligt hätte, so hätte er entweder Abram oder Sarai ;den Kopf waschen' und ihnen ins Gewissen reden können: „Hört auf, dieses arme Mädchen zu quälen, oder ihr werdet etwas erleben!" Und es gibt ja genug Beispiele im Alten Testament, wie Gott mit Leuten umgehen konnte, deren Handeln ihm missfiel! Aber es läuft ganz anders: Gottes Engel spricht das um sein Leben laufende Mädchen, das durch seine Schwangerschaft belastet ist, an: „Hagar, was tust du?" Und das Mädchen antwortet: „Ich laufe weg." Wenn wir diesen Text einfach nur herunterlesen, dann überlesen wir leicht die Sensation, die in ihm verborgen steckt: Gottes Engel spricht direkt zu diesem fliehenden Sklavenmädchen, das nicht zur Familie Abrams, sondern zu einem ganz anderen Volk mit einer völlig anderen Religion gehört. Gott spricht zu einem Menschen, der nach damaligem Religionsverständnis doch gar nicht zu seinem ‚Zuständigkeitsbereich' gehört!

Denn nach dem Religionsverständnis jener Zeit war Gott ja nur der Gott Abrams und seines Familienclans – aber nicht der Gott der Ägypter, Sumerer, Hethiter und welcher umliegenden Völker auch immer! Gerade die vierhundert Jahre später spielende Geschichte des Exodus, wo Gott den ihm feindlichen Gott-König Pharao besiegt, zeigt dies in aller Deutlichkeit. Deshalb ist es so aufregend, wie dieser Gott hier durch einen Engel zu der Ägypterin Hagar spricht und ihr durch seine Verheißung ihre Ehre und Würde wiedergibt: „Ich werde das Kind, das du in dir trägst, zum Stammvater eines großen Volkes machen!" und „Dein Kind wird niemandes Sklave sein, sondern ein großer Kämpfer werden!" Und das heißt doch nicht weniger als „Du bist angesehen vor meinen Augen! Ich sehe dich nicht als eine Unperson oder Sache – wie Sklaven nach dem Verständnis jener Zeit gesehen werden konnten – sondern ich sehe dich als eine Frau voll eigener Würde, zu der ihr Sohn und Generationen von Kindeskindern voll Stolz und Ehrerbietung aufblicken werden." Und in dieser Verheißung steckt dann auch eine Konsequenz für das Naheliegende: „Hagar, wenn du dir dies immer neu vergegenwärtigst und fest an diese meine Zusage glaubst: was kann dir dann eine keifende und dich quälende Sarai tun? Sie muss dich ja dein Kind gebären und aufziehen lassen – sonst wäre ihre ganze Planung ja umsonst gewesen – und sie muss dich also weiterleben lassen! So, und nun beruhige dich und kehre um und gehe wieder zurück in dem Wissen und Vertrauen darauf, dass ich, der Gott Abrams, mich auch um dich kümmere und dass ich mein Versprechen dir gegenüber genauso einhalten werde wie das, das ich Abram gegeben habe!"

Ich meine, wenn wir diesen Text so lesen, dann spricht er zu uns in einer Weise, die wir nachvollziehen können – und dann steht dieses verzweifelte Sklavenmädchen beispielhaft für viele gejagte Frauen in der Geschichte der Kirche Jesu Christi und in der Geschichte der Reformation, deren wir uns heute erinnern. Und dies gilt ganz besonders für diese unsere Zeit, wo es in Ländern, in denen fanatische Muslime Christen verfolgen, bei solchen Muslimen beliebte Praxis ist, christliche Frauen und Mädchen zu vergewaltigen, um ihnen so ihre Ehre zu nehmen und .sie nach den Maßstäben der dortigen Gesellschaften zu Huren und Prostituierten zu machen, mit denen sich kein ehrbarer Mann abgeben sollte. Gott kümmert sich um die Verfolgten, die Gequälten und Unterdrückten – und es ist zutiefst beeindruckend, ein solches Beispiel schon im ersten Buch der Bibel nahegebracht zu bekommen. Was Jesus Christus später zu einer zentralen Aussage seiner Verkündigung macht, das finden wir hier schon an einem Einzelfall beispielhaft vorgeprägt: *„Ihr alle, denen man Lasten und Bürden aufgeladen hat, kommt her zu mir, ich will euch aufatmen lassen. Lasst euch zum Dienst verpflichten durch mich, nehmt euch ein Beispiel an mir: Ich verzichte auf Gewalt und habe ein demütiges Herz. Dann werdet ihr Ruhe finden für euch selbst."*

Hagar vertraut der Verkündigung des Engels und der Zusage Gottes und kehrt in die Sklaverei bei der hier als so böse dargestellten Sarai zurück – und wenn wir unseren Text als Ausschnitt aus der Biographie Abrahams und seiner Frau betrachten, dann ist Hagar hier die moralische Siegerin.

Und auch hier ehrt es die Verfasser des 1. Buches Mose, dass sie die ägyptische Ausländerin und Sklavin als die von Gott Angesprochene und ihm wahrhaft Vertrauende gezeichnet haben – ungeachtet der Tatsache, dass für sie im weiteren Verlauf der Heilsgeschichte einfach kein Platz mehr da sein wird.

Hagar als ein frühes Beispiel einer gequälten und gedemütigten Frau, der Gott in einer persönlichen Ansprache und Verheißung ihre Ehre und Würde zurückgibt – sie kann Vorbild sein für viele Frauen und Männer, die heute in quälenden und jede Freude am Leben zerstörenden Abhängigkeiten gefangen sind. Es gibt sehr viele und ganz unterschiedliche Abhängigkeiten dieser Art: Von innerlich zerbrochenen Ehen oder Partnerschaften, in denen sich die Partner nur noch gegenseitig wehtun wollen, über Drogenabhängige bis zu Pflegefällen, in denen sich Angehörige darin aufreiben, Eltern oder Verwandte zu pflegen, die zutiefst unzufrieden und undankbar sind. Von Ausländerinnen, die von Menschenhändlern zu Zwangsprostituierten gemacht und ausgebeutet werden, ohne dass etwa Behörden dagegen einschreiten wollen: Wir kennen und bewundern eine Frau, die es sich zur Aufgabe gemacht hat, sich um solche Frauen zu kümmern. Menschen in solchen Abhängigkeiten brauchen ganz besonders die sie suchende und ihnen nachgehende Liebe Gottes, wie sie mit Jesus Christus in die Welt gekommen ist. Bei Hagar war es ein Engel Gottes, der sie tröstete und aufrichtete – wir dürfen dankbar und froh sein, dass wir uns an Jesus halten und auf ihn vertrauen können. Und dann auch andere Menschen ermutigen können, ebenfalls diesen Weg einzuschlagen.

2.3 Gott beschützt eine alleinerziehende Mutter

1. Mose 21,9–21 (Einheitsübersetzung)

Eines Tages beobachtete Sara, wie der Sohn, den die Ägypterin Hagar Abraham geboren hatte, umhertollte. Da sagte sie zu Abraham: Verstoß diese Magd und ihren Sohn! Denn der Sohn dieser Magd soll nicht zusammen mit meinem Sohn Isaak Erbe sein. Dieses Wort verdross Abraham sehr, denn es ging doch um seinen Sohn. Gott sprach aber zu Abraham: Sei wegen des Knaben und deiner Magd nicht verdrossen! Hör auf alles, was dir Sara sagt! Denn nach Isaak sollen deine Nachkommen benannt werden. Aber auch den Sohn der Magd will ich zu einem großen Volk machen, weil auch er dein Nachkomme ist. Am Morgen stand Abraham auf, nahm Brot und einen Schlauch mit Wasser, übergab beides Hagar, legte es ihr auf die Schulter, übergab ihr das Kind und entließ sie. Sie zog fort und irrte in der Wüste von Beerscheba umher. Als das Wasser im Schlauch zu Ende war, warf sie das Kind unter einen Strauch, ging weg und setzte sich in der Nähe hin, etwa einen Bogenschuss weit entfernt; denn sie sagte: Ich kann nicht mit ansehen, wie das Kind stirbt. Sie saß in der Nähe und weinte laut. Gott hörte den Knaben schreien; da rief der Engel Gottes vom Himmel her zu Hagar und sprach: „Was hast du, Hagar? Fürchte dich nicht, Gott hat den Knaben schreien gehört, wo er liegt. Steh auf, nimm den Knaben, und halt ihn fest an deiner Hand. denn zu einem großen Volk will ich ihn machen.“ Gott öffnete ihr die Augen, und sie erblickte einen Brunnen. Sie ging hin, füllte den Schlauch mit Wasser und gab dem Knaben zu trinken. Gott war mit dem Knaben. Er wuchs heran, ließ sich in der Wüste nieder und wurde ein Bogenschütze. Er ließ sich in der Wüste Paran nieder, und seine Mutter nahm ihm eine Frau aus Ägypten.

Dieser Text ist für mich einer der eindrucksvollsten Texte des Alten Testaments (AT). Und ich sehe in ihm zugleich einen Beleg dafür, dass es Gottes Geist war, der den Autoren des AT die Feder führte, weil er zeigt, wie menschlich-unmenschlich sich auch Menschen verhalten können, die Gott in besonderer Weise berufen und ausgezeichnet hat.

Dieser Text gliedert sich in drei Teile, deren jeder seine besondere Bedeutung und Stellung im AT hat. Im ersten Teil haben wir ein Beispiel für jene Menschenverachtung, die zwar in der Zeit, über die hier berichtet wird, gang und gäbe war, die aber heutige Leser abstößt und die Gegner des Christentums auf den Plan ruft: Eine Frau und ihr Kind werden in den Tod geschickt ...

Im zweiten Teil dann die Zuwendung Gottes zu einer fremden Frau, die in einen anderen Kultur- und Religionskreis gehört – und die doch sein Mitleid findet. Auch dies ein sehr aktuelles Thema.

Und in einem kurz angedeuteten und erst in einem späteren Abschnitt vervollständigten Teil dann die Darstellung Hagars als der ersten erfolgreich ‚alleinerziehenden' Frau in der Geschichte der Bibel – sensationell für die Berichtszeit.

Wie können wir mit diesen so unterschiedlichen Abschnitten und ihren Aussagen umgehen und was können sie uns sagen an Wegweisung und Zuspruch?

Zu dem uns heute so unmenschlich erscheinenden ersten Teil ist dabei am wenigsten zu sagen. Auch in anderen Zusammenhängen berichtet das AT über die Versuchung von Müttern, ihre Söhne auf Kosten der Söhne anderer Frauen oder Nebenfrauen in die Nachfolge und damit an die Macht zu bringen. Und wenn dabei eine andere Frau und zugleich Nebenbuhlerin umgebracht wird – umso besser. In unserem Fall hätte beispielsweise Abraham Hagar als viel attraktiver finden können gegenüber einer sehr viel älteren Sara – und ägyptische Frauen galten damals als besonders schön!. Und diese Konstellation – eine Nebenbuhlerin mit ihrem Kind aus dem Weg zu schaffen, koste es, was es wolle: eine solche Konstellation findet sich schließlich in der Geschichte aller möglichen Fürstenhäuser vergangener Zeiten. Auch dass Abraham auf Gottes Rat hin darauf verzichtet, seiner dominanten Frau zu widersprechen, ist menschlich schon verständlich: Schließlich hatte er doch Sara gleich zweimal als seine Schwester ausgegeben und als solche und ohne sie zu fragen faktisch verkauft, um Vorteile für sich herauszuholen. Zum ersten Mal an den Pharao in Ägypten und später noch einmal an den König Abimelech von Gerar. Und auch wenn das eben in dieser Zeit so üblich war – Sara dürfte Abraham dies nie verziehen und bei Gelegenheit auch vorgehalten haben. Ihr Befehl, Hagar in die Wüste zu jagen, war einfach das Wegwerfen einer Sklavin, die Sara vorher mit größter Selbstverständlichkeit und weil das eben so üblich war, als Leihmutter verwendet hatte. Und die Vorstellung von einem qualvollen Tod Hagars und ihres Sohnes in der Wüste dürfte Sara keinerlei Gewissensbisse bereitet haben. Das gehörte eben dazu, um Isaak als ‚Alleinerben' zu etablieren. Für Abraham blieb dann nur noch die Hoffnung, dass Gott sein Versprechen einlösen und Hagar und Ismael bewahren würde.

Viel interessanter wird dann der zweite Teil. Die aus einer fremden Kultur kommende und eher mit der altägyptischen Göttervielfalt vertraute Hagar hatte schon bei ihrem Fluchtversuch erfahren, dass es im Umfeld dieses Abraham-Clans einen anderen Gott gibt, der sich ihr sogar zugewandt und ihr eine klare Weisung gegeben hatte, die sie dann auch befolgte. Jetzt, wo sie sich am Ende sieht und das qualvolle Verdursten ihres Kindes vor Augen hat, können ihr die Zusagen jenes ‚Stammesgottes' des Abraham-Clans nur noch wie blanker Hohn erscheinen: Wenn es ihn denn überhaupt geben sollte – warum hat er dann zugelassen, dass Abraham sie und ihr Kind so einfach dem Tod durch Verdursten überantwortet hat? In dieser ihrer verzweifelten Situation kann für Hagar die Erinnerung an die Zusage Gottes durch den Mund seines Engels doch nur als Erinnerung an eine Halluzination gewirkt haben. Wenn es diesen Gott Abrahams wirklich geben sollte – so muss sie doch denken – dann hat er sie jedenfalls vergessen und im Stich gelassen.

Eine durchaus verständliche Art zu denken in einer Zeit, in der jedes Volk und oft genug auch jeder Stamm und schließlich sogar jede Großfamilie ihre eigenen Gottesvorstellungen hatte bis hin zu Hausgöttern in Form von kleinen Figuren, die man sogar mitnehmen konnte.

Und so kann es für Hagar nur eine große Überraschung sein, als sie erneut von dem Engel dieses fremden Gottes angesprochen wird. Das für Hagar sicher Überwältigende lag darin, dass ihr gesagt wird, dass dieser Gott der Familie Abrahams das Schreien ihres Kindes gehört und ihre Verzweiflung gesehen hat. Dass hier Hagar jenes „Fürchte dich nicht!" zugesprochen wird, das später geradezu Merkmal jeder Begegnung eines Menschen mit dem allmächtigen Gott wird, das steht dafür, dass sie von Gott in seine Heilsgeschichte einbezogen wird. Eine hilflose, verlassene, fremde Frau mit einem kleinen Kind, die nicht mehr weiter weiß – ein Bild, das uns heute nicht fremd ist und das in vielfältigen Variationen durch Fernsehen und Zeitungen in unsere Wohnungen gebracht wird. Und Gott hilft dieser fremden Frau, die von der Familie ihres Herrn – und hier nehme ich die Überschrift eines Artikels über die Behandlung von fremdländischen Prostituierten in unserem Land auf – einfach ‚weggeworfen' wurde und die nun eine neue, eine eigene Identität finden muss. Gottes Engel öffnet ihr die Augen, so dass sie einen Brunnen mit lebenspendendem Wasser sieht – und sich dann auf den Weg machen kann in ein neues, in ein selbstbestimmtes Leben mit der Aufgabe und Herausforderung, ihr Kind aufzuziehen.

Wie ich schon sagte – dieser Teil der Geschichte ist sehr aktuell auch für unser ‚Hier und Heute'. Und es liegt dann wohl an einzelnen Menschen in unserem Land, ob sie sich zu Engeln Gottes machen lassen und dann Verzweifelten tatkräftig helfen – ein Thema, das hier weitergesponnen werden könnte, aber dann allzu leicht ausufern würde.

Und der dritte Teil, für den nur der letzte Vers steht „Gott war mit dem Knaben. Er wuchs heran, ließ sich in der Wüste nieder und wurde ein Bogenschütze. Er ließ sich in der Wüste Paran nieder, und seine Mutter nahm ihm eine Frau aus Ägypten" – ein Text, zu dem es dann im 25. Kapitel unter der Überschrift „Der Stammbaum der Ismaeliter" noch eine Art Fortsetzung gibt.

Zwischen den Zeilen und besonders hervorgehoben mit den Aussagen ‚nimm den Knaben und halt ihn fest an deiner Hand', und der ‚und seine Mutter nahm ihm eine Frau aus Ägypten' steht eine Aussage, die für die Zeit der Niederschrift dieser Geschichte einfach sensationell ist: Hagar wird hier anerkannt als die erste ‚alleinerziehende Mutter' im AT – als eine alleinerziehende Mutter mit der Zustimmung Gottes, der eben auch Ismael liebt. Ich sehe dies als eine wirkliche Sensation an. Sicher gibt es im AT noch mehr alleinerziehende Mütter: Witwen, Frauen, die von ihren Männern verlassen wurden oder schließlich auch Frauen, deren Männer keine Zeit haben oder haben wollen, sich um ihre Frauen und deren Kinder zu kümmern. Aber gegenüber allen diesen Frauen ist doch die Stellung Hagars und Gottes direkte Anrede an sie einzigartig. Nicht einmal Sara wurde in dieser Weise und Intensität von Gott angesprochen: Für diese Einzigartigkeit steht dann auch jenes, altisraelischen Vorstellungen völlig

Widersprechende ‚Hagar nahm Ismael eine Frau aus Ägypten'. In den Geschichten von den sogenannten ‚Erzeltern', die mit Abraham beginnen und mit Josef enden und dann weiter gehen in der Tradition des alten israelischen Volkes ist es jeweils der Vater oder ‚die Familie', die die Frau für den Sohn aussucht. Und eine Hochzeit wird dann zu einem Übereinkommen und Aushandeln dieser Verbindung durch die Familien. Hier steht Hagar allein, und sie ist es. die die Frau für ihren Sohn aussucht. Die Verfasser dieses Berichtes haben sich sicher viel dabei gedacht, als Gottes Geist ihnen die Feder führte, um dies niederzuschreiben. Und es gehört zu der das ganze AT durchziehenden engen Verbindung zu Ägypten – die ja auch noch im NT ihren Niederschlag gefunden hat – dass die ägyptische Sklavin Hagar so positiv gezeichnet wird.

Heute ist ein solches ‚Alleinerziehen' als Möglichkeit geradezu selbstverständlich geworden. Aber dass es hier schon im Zeugnis der Bibel als Möglichkeit und dabei sogar unter Gottes Zustimmung gesehen wird – das so deutlich anzusprechen, gehört nach meinen Erfahrungen nicht zu der üblichen Auslegungspraxis dieses Textes.

Drei Teile eines uralten Textes, in denen in erstaunlicher Weise Brücken geschlagen werden zu Erfahrungen und Verhaltensweisen, die heute von der Allgemeinheit als durchaus nicht ungewöhnlich empfunden werden:

Der Kampf von Frauen gegen Nebenbuhlerinnen der unterschiedlichsten Art und gegen deren Kinder, die finanzielle Ansprüche oder Mitansprüche an väterliches Erbe erheben könnten, ist heute gerichtsnotorisch und gar nicht so selten. Und wenn die deutsche Rechtsprechung außerehelichen Kindern gerade das Recht auf Kontakt zu ihrem Vater zugesprochen hat, so sind wir gleich wieder bei Ismael und Abraham.

Gottes Hilfszusage an eine ‚weggeworfene' und verzweifelte ‚fremde Frau' findet heute ihren Ausdruck in Hilfen, wie sie doch nur von Christen umgesetzt werden können. So bewundern meine Frau und ich zutiefst eine Frau aus dem ‚Centrum Lebendiges Wort' in Bad Godesberg, die unendlich viel Zeit und Mühe darin setzt, Prostituierten aus Osteuropa, die hierhin verschleppt worden sind, die Liebe Gottes nahezubringen. Und ihnen zu helfen in ihrem trostlosen, menschenunwürdigen Dasein in einem Land, dessen Vertreter weltweit ‚Menschenwürde' predigen und einfordern. Für diese Prostituierten ‚auf dem Straßenstrich' sind diese Frau und ihre Helferinnen sichtbar ‚Engel Gottes'. Und es bleibt eine Herausforderung an alle Christen, die mit ihrem Christsein ernst machen wollen, Jesu Wort aufzunehmen und das umzusetzen, was er in dem Gleichnis vom barmherzigen Samariter einem Pharisäer sagt: „Dann geh und handle genau so!"

Und schließlich Gottes Zustimmung zu dem ‚Alleinerziehen' einer alleingelassenen, von ihren Besitzern einfach ‚weggeworfenen' Frau, die sich in der Fremde eine neue Identität schaffen muss. Auch ‚Alleinerziehen' kann unter dem Segen Gottes stehen – in so extremen Fällen ebenso wie in solchen, die heute schon geradezu ‚alltäglich' sind. Es gibt Christen, die althergebrachte Vorstellungen pflegen, die das Glück gehabt haben, selbst in einer glücklichen Familie groß geworden zu sein und die heute in einer eigenen, von Liebe geprägten Familie leben. Solchen Christen fällt es manchmal schwer, die Vorstellung zu akzeptieren, dass Gott auch andere Wege unter seinen Segen stellen kann. Für solche Christen können ‚Alleinerziehen', können ‚Verstoßenwerden' und ‚Scheidung' oft genug ‚Reizworte' sein – und wir haben es einmal selbst im Freundeskreis erlebt, wie eine liebe Freundin mit einer ‚Frau mit Kind', die ein Kollege ihres Mannes geheiratet hatte, nichts zu tun haben wollte.

Sie mögen verstehen, warum ich diesen Text für so bedeutungsvoll halte. In seinen Grundzügen hat sich menschliches Verhalten seit seiner Niederschrift vor mehr als 2500 Jahren nicht geändert – auch wenn die zwischenmenschlichen Umgangsformen andere geworden sind und wenn Christen von der Erfahrung leben dürfen, dass Jesus neue Maßstäbe gesetzt hat. Aber ebenso wenig geändert hat sich die Zuwendung Gottes zu leidenden und ausgestoßenen, von der Gesellschaft oder ihren Familien verstoßenen Menschen. Und wo im AT noch Engel als Boten Gottes seine Zuwendung und liebevolle Fürsorge verkünden, da erwartet Jesus als unser Herr und Bruder, dass wir, die wir uns nach ihm nennen, diese Funktion übernehmen. Da, wo es nötig ist und er uns die Gelegenheit dazu bietet.

2.4 Gott dankt mit einem versöhnlichen Ende

1. Mose 25,1–2 und 5–10 (Übersetzung „Hoffnung für alle")

Abraham heiratete noch einmal; seine Frau hieß Ketura. Sie bekamen viele Söhne: Simran, Jokschan, Medan ,Midian, Jischbak und Schuach. Abraham vermachte Isaak seinen ganzen Besitz; den anderen Söhnen, die er von den Nebenfrauen hatte, gab er Geschenke und schickte sie noch zu seinen Lebzeiten in den Osten, damit sie sich nicht in Isaaks Nähe ansiedelten.
Abraham wurde 175 Jahre alt; dann starb er nach einem erfüllten Leben. Seine Söhne Isaak und Ismael begruben ihn in der Höhle von Machpela, östlich von Mamre. Es war das Grundstück, das Abraham von dem Hetiter Efron, dem Sohn Zohars, gekauft hatte. Er wurde neben Sara begraben.

Als ich das 25. Kapitel des ersten Mosebuches zum ersten Mal las, da dachte ich an jenes Schiller-Wort „Der Mohr hat seine Schuldigkeit getan, der Mohr kann gehen!". Ein Zitat aus dem Drama ‚Die Verschwörung des Fiesco zu Genua', das in unseren Tagen immer wieder Realität wird bei Politikern, Managern und Fußballtrainern, die geholt werden, um Krisensituationen abzuwenden oder auszubügeln und die nach vollbrachtem Werk mit oder ohne Abfindung weggeschickt werden. Abraham hat erfüllt, was er in Gottes Heilsplan bewirken sollte, er hat seine Schuldigkeit getan – und jetzt wird er mit einem ruhigen Ausklang seines bewegten Lebens im Dienste Gottes abgefunden.

Bei einem zweiten Lesen fiel mir dann aber einiges auf an diesem uralten Text aus der Zeit um 620 vor Christi Geburt, das direkte Bezüge zu unserer Zeit hat. Da geht es um Vorstellungen, die uns durchaus geläufig sind und die sogar zu Hoffnungen und Erwartungen gehören, die besonders die an Jahren Älteren unter uns bewegen.
Lassen Sie mich kurz darauf eingehen um zu zeigen, wie aktuell dieser Schluss der Abrahamsgeschichte auch für uns heute ist.

Da ist zum einen der wohl von manchem insgeheim gehegte Wunsch oder besser gesagt ‚Traum', nach einem anstrengenden Leben voller Belastungen und oft genug schmerzhafter Erfahrungen noch einmal neu anfangen zu können und die Chance zu bekommen, Versäumtes nachzuholen oder nicht so gut Gelaufenes anders und besser zu machen.

Ein Wunsch, der sich für Abraham erfüllt, als er nach dem Tod seiner dominanten Frau – die ihn dazu gezwungen hatte, Hagar mit seinem Sohn Ismael in den Tod zu schicken – eine neue Ehe eingehen kann. Und er kann sich daran freuen, dass ihm diese sicher sehr viel jüngere Frau gleich 6 Söhne und damit viel Jugend schenkt und ihn nachholen lässt, was ihm auf seinen entbehrungsreichen Wanderungen nicht möglich war.

Da ist zu einem zweiten das Bild einer ‚Versöhnung über Gräbern'. Abrahams Söhne, die er zu Lebzeiten getrennt hatte und von denen Ismael allen Grund hatte, seinen Vater zu hassen, begraben ihn gemeinsam. ‚Versöhnung über Gräbern' – ein Bild, das als Schlagzeile in vergangenen Jahren politische Bedeutung erlangte, als sich deutsche Bundeskanzler mit den Regierungschefs von Staaten, die im zweiten Weltkrieg gegen Deutschland gekämpft hatten, auf Soldatenfriedhöfen die Hand reichten. Natürlich fand und findet eine solche ‚Versöhnung über einem Grab auch immer wieder im privaten Leben statt, wenn verfeindete Geschwister oder Stiefgeschwister bei dem Begräbnis von Vater oder Mutter zusammenkommen, sich die Hand reichen und einen neuen Anfang machen – auch diese Vorstellung ist unserem Denken nicht fremd.

Zum dritten steckt in der Textaussage „er starb alt und lebenssatt" die Vorstellung von einem guten, friedlichen Tod nach einem Leben, das der Betreffende selbst als ein gutes, ein erfülltes Leben ansehen kann. Ein Leben, das im Rückblick als gelungen und vielleicht sogar als beglückend empfunden wird. „Alles in allem habe ich doch ein gutes Leben gehabt mit einer Familie, mit der ich viele glückliche Stunden verlebt habe, mit Menschen, die es gut mit mir meinten und mit doch überwiegend guten Erinnerungen" – Wunschträume zum Sterben von Menschen, die dem Scheiden aus diesem Leben ins Auge sehen müssen.

Ein weiterer Gedanke, der heute vielen Menschen hierzulande zwar fremd geworden ist, der aber bei Christen in vielen Teilen der Welt immer noch große Bedeutung hat: Kinder – und möglichst viele Kinder – anzusehen als Geschenk Gottes. Nach den großen Schwierigkeiten, die Abraham mit seinen beiden ersten Söhnen hatte, bekommt er jetzt gleich 6 Söhne und darf sich daran freuen.

Vier Gedanken aus diesem Text, die uns nicht fremd sind und von denen der eine oder der andere für jeden von uns seine Bedeutung hat –

zumindest der der Frage nach einem ‚guten Tod' als Abschluss eines gelungenen oder aber auch unerfüllt gebliebenen Lebens.

Für das, was hier zusammengefasst dargestellt wird, prägt schon das Alte Testament und prägt später besonders die reformierte Ausprägung des evangelischen Glaubens die Bezeichnung vom ‚sichtbaren Segen Gottes' für ein Leben, das sich ausrichtete an Gottes Geboten. Dieses Bild vom sichtbaren Segen Gottes – das uns in einer vielleicht nicht so klar formulierten Weise ja auch in unserer methodistischen Ausprägung des evangelischen Glaubens nicht ganz fremd ist – möchte ich einmal in einer besonderen Weise hinterfragen. Öffentlich sichtbar werdender Segen Gottes – kann das nicht auch verstanden oder gesehen werden als ein Zeichen der Dankbarkeit Gottes dafür, in einem Leben durch Höhen und Tiefen hindurch und angesichts vieler Versuchungen das Vertrauen auf Gott nicht aufgegeben zu haben, an Gott festgehalten zu haben auch da, wo es sinnlos erschien? Sichtbar gewordener Segen Gottes als Zeichen seines Dankes dafür, an ihm niemals ‚nachhaltig' irre geworden zu sein?

Das Alte und das Neue Testament zählen sehr viele menschliche Eigenschaften Gottes auf, die alle Zeugnis dafür sind und sein sollen, uns begreiflich zu machen, wie nahe er uns kommt und wie sehr er uns versteht und verstehen kann. Für uns als Christen und schon für das Volk Israel des Alten Testaments ist Gott nicht ein distanzierter Gott irgendwo in unendlicher Ferne oder eine gestaltlose Vorstellung, wie es heute immer wieder von Atheisten behauptet wird. Der Gott des Alten Testaments liebt und zürnt, er ist traurig, wenn Menschen sich von ihm abwenden. Er bereut und korrigiert dann auch in erstem Zorn gefasste Entschlüsse, er spricht, sieht und hört, er klagt und sucht, er erbarmt sich und zeigt Mitleid – wir können ein lange Liste von menschlichen Eigenschaften Gottes zusammenstellen, die in der Bibel genannt werden. Ich fand es geradezu aufregend, als in den Auseinandersetzungen um Evolution und Kreationismus ein Theologe, der zugleich Wissenschaftler ist, die Frage stellten: Könnte Gott nicht sogar neugierig gewesen sein zu sehen, wie sich seine Schöpfung weiterentwickelt?

Im Neuen Testament stellt uns Jesus Christus Gott als Vater vor, der sich der Menschen als seiner Kinder annimmt – mit allen Eigenschaften, die wir mit dem Bild eines liebevollen Vaters verbinden. Eben eines Vaters, der in seiner Liebe da, wo es angebracht ist, auch streng sein kann.

Für mich ist es dann nur erstaunlich, dass nirgendwo davon die Rede ist, dass Gott auch dankbar ist oder sein kann. Dass Menschen Gott und seinem Sohn Jesus Christus danken – das gehört zu den Grundpflichten der Menschen im Alten wie im Neuen Testament und schon die Psalmen quellen davon über. Aber dass Gott auch seinerseits Menschen dankbar sein kann – das wird nirgendwo so angesprochen. Dabei kann man im Alten Testament durchaus aufzeigen, dass sich Gott Menschen gegenüber dankbar erweist. Etwa bei Abraham, bei Hiob, bei Elia und bei Akteuren aus dem zweiten Glied, die alle in der einen oder anderen Form belohnt werden und denen ein guter, friedvoller Tod beschert wird, wenn sie lebenssatt sterben dürfen oder die gleich von Gott von dieser Erde weggenommen werden.

Und im Neuen Testament? Gibt es auch da Menschen, die Jesu Dankbarkeit verdienen, weil sie sich ihm ohne Wünsche und Erwartungen einfach liebevoll zuwenden? Bei meiner Suche habe ich zwei gefunden, denen Jesus seine Dankbarkeit zuspricht. Da ist zum einen die Frau, die Jesus bei dem Gastmahl im Hause des Pharisäers Simon die Füße salbt und der er zuspricht, dass dieser ihr Dienst niemals in Vergessenheit geraten soll. Und da ist dann der mit Jesus zusammen gekreuzigte Verbrecher, der mit dem Geständnis der eigenen Schuld Jesu Unschuld hervorhebt und ihn bittet, ihn nicht zu vergessen. Jesu Antwort „Heute noch wirst du mit mir im Paradies sein“ ist Ausdruck einer Dankbarkeit, die mit den genannten Beispielen aus dem Alten Testament vergleichbar ist.

Wenn wir uns dem Neuen Testament zuwenden, dann fällt auf, dass der Dank Jesu und auch der Dank Gottes an Menschen, die sich besonders eingesetzt oder in ihrer Liebe ausgezeichnet haben, in aller Regel in das Leben in der Welt auf der anderen Seite des Todes verweist. Dieser neutestamentliche Dank besteht in der Zusage einer Aufnahme in das Reich Gottes, in das Paradies. Er besteht in der Zusage eines Lebens in unmittelbarer Nähe zu Jesus, in der unmittelbaren Gegenwart Gottes, wie es beispielhaft als Vision der Verfasser des Buches der Offenbarung darstellt, wenn er von dem himmlischen Jerusalem schreibt als dem Ort, wo es kein Leid und keinen Schmerz und selbst keinen Tod mehr geben wird. Diese Verheißung eines Lebens in Gottes Reich ist aber auf Zukunft angelegt, während für das Leben in dieser Welt Mühe und Arbeit angesagt ist: „Wenn ihr alles getan habt, was euch befohlen ist, so sprecht: Wir sind unnütze Knechte; wir haben getan, was wir zu tun schuldig waren" – ein Wort Jesu, das maßstabsetzend wurde für seine Nachfolger bis zum heutigen Tage. Christen – weltweit und welcher Ausprägung des christlichen Glaubens sie auch immer angehören – sehen ihr Leben bestimmt durch dieses Wort Jesu.

Die Frage, die ich Ihnen zum Nachdenken mitgeben möchte, ist eine Frage, die mir selbst aufgegangen ist über dem Ringen mit dem Text über das Ende Abrahams. Stellen wir uns doch vor, dass Jesus sich freut über unseren Einsatz für ihn hier auf dieser Erde in der uns von Gott zugeteilten Lebensspanne. Dürfen wir dann auch von Zeichen einer Dankbarkeit Gottes sprechen, von Zeichen eines sichtbaren Segen Gottes, so wie wir es im Alten Testament konkret etwa bei Abraham und Hiob finden? Oder muss unser ganzes Leben nur unter dem Wort der ‚unnützen Knechte' stehen, denen erst nach dem von Jesus so sehr menschlich beschriebenen ‚Jüngsten Gericht' als Belohnung für alles, was wir in unserem Leben getan haben, eine Aufnahme in das Reich Gottes winkt? Zwei Fragen, die zusammengehören, die ich aber noch nirgendwo so angesprochen gehört oder gelesen habe.

„Ich will, dass sie das Leben haben – und ich will, dass sie es in Fülle haben!" – soll diese Zusage Jesu nur für das Leben in dem verheißenen Reich Gottes gelten oder darf sie auch schon für das Leben in unserem ‚Hier und Heute' ihre Bedeutung haben? Für ein Leben, in dem vieles geschieht, was ich als glaubender Christ als gute Fügung Gottes, als sein Eingreifen zu meinen Gunsten empfunden habe und verstehe?

Es gab in meinem eigenen Leben Weichenstellungen, die ich schon gleich oder dann im Nachhinein so empfand – gerade auch deshalb, weil ich sie anders nur hätte erklären können als ein ganz und gar unwahrscheinliches Übereinandertürmen von Zufällen. Eingreifen Gottes in mein Leben, für das ich unendlich dankbar bin. Aber ist die Frage zulässig, ob das nicht auch Dank Gottes gewesen sein könnte für manchen Einsatz für ihn – etwa im Hinblick darauf, dass ich anderen etwas vermitteln konnte von ihm und seiner Liebe?

Wenn ich selbst kritisch mein Leben durchmustere und neben viel Versagen dann auch auf das eine oder andere stoße, an dem sich Jesus wohl freuen konnte, dann denke ich bei solchem Nachsinnen auch an Menschen, die mir und anderen zu Vorbildern wurden, die mir in ihrem Tun ‚Wegweiser' wurden. Die mir – und das besonders nötig nach dem frühen Tod meines Vaters, der im Kriege fiel als ich gerade 5 Jahre alt war – Wegweisung vermittelten, die mir half, mein Leben auszurichten und in ihm auch Gottes Fürsorge zu erkennen. Wegweisung, für die ich noch in der Erinnerung dankbar bin. Und aufgrund eigener Erfahrungen konnte ich dann auch Wegweisung geben für andere, durfte und darf mich darüber freuen und vielleicht auch Zeichen von Gottes Dank an mich darin sehen. Wobei mich die Art und Weise, wie solcher Dank als sichtbares Zeichen ausfällt, immer wieder überrascht.

Wenn ich hier von eigenen Erfahrungen, eigenem Erleben und eigenen Gedanken spreche, dann nur deshalb, weil ich Sie zum Nachdenken anregen möchte, Ihr Leben doch einmal daraufhin zu durchmustern, ob Sie sich an Ähnliches oder Vergleichbares erinnern können. Und sich bei solchem Erinnern zu fragen, ob es auch bei Ihnen Situationen gegeben hat, in denen Sie etwas getan haben, was jenseits von Dienstanweisungen, Verhaltensvorschriften und gesellschaftlichen Konventionen, wie sie nun einmal unser Leben bestimmen, lag und womit Sie anderen Menschen Wegweisung und Trost gegeben haben. Gelegenheiten, wo Sie anderen Menschen ganz selbstverständlich Gutes getan haben in dem Sinne, wie ihn Jesus beispielhaft in dem Gleichnis vom Barmherzigen Samariter und dann auch in seiner Endzeitrede angesprochen hat. Erinnerungen, die Sie auch sehen und interpretieren könnten als Zeichen einer Dankbarkeit Gottes?

Immer wieder wird beklagt, dass Christen viel zu wenig das Gespräch mit anderen suchen oder wagen über Erfahrungen des Glaubens. Über eigene Erfahrungen erzählen – und dann auch nach den Erfahrungen anderer fragen. Ich denke, dass wir alle Mut brauchen, um mehr miteinander ins Gespräch zu kommen über solche Erfahrungen des Glaubens – und gerade über Erfahrungen, die uns geholfen und die uns froh gemacht haben. Bitten wir den Heiligen Geist darum, uns solchen Mut und die dafür nötige Sprache zu geben – und uns auch darüber auszutauschen, wo wir meinen oder glauben, Gott in unserer persönlichen Geschichte am Werk gesehen haben.

Es ist in dieser Predigt sicher ein großer Brückenschlag von dem biblischen Bericht von einem Abraham, der nach einem Leben im Dienste Gottes mit vielen Höhen und Tiefen ‚alt und lebenssatt' sterben durfte, zu dem, was uns heute bewegt und was uns helfen und noch enger zusammenbringen kann in unserer kleinen Gemeinde. Ein Brückenschlag, mit dem ich auch Fragen stellen, Erinnerungen aktivieren und zu einem erweiterten Miteinander im Gespräch aufrufen wollte. Ich denke, dass gerade für eine solch kleine Gemeinde, wie wir es nun einmal sind, das Bild zutrifft von einem Mosaik aus lauter einzelnen, farbigen Steinchen, deren jedes für sich genommen keinen Sinn macht, die aber zusammengefügt ein Bild einer Gemeinde Jesu Christi ergeben auf einem gemeinsamen Weg. Ein Bild mit Fehlstellen und Unvollkommenheiten, gewiss – aber zusammengefügt und zusammengehalten von der uns suchenden und uns zugewandten Liebe Gottes in Jesus Christus, einer Liebe, die uns zusammenführt auch über viele Grenzen und Unterschiede und die wir weitergeben sollen und dürfen.

3 Gottes Wort wirkt in seinem erwählten Volk

3.1 Vom Umgang mit dem Zorn Gottes

Predigt über 2. Mose 32,7-14

Es gibt Geschichten der Heiligen Schrift, die zwar sehr bekannt sind, bei deren Erwähnung aber ein ‚ach schon wieder die' zeigt, dass sie ihre Spannung verloren haben und die Zuhörer nicht mehr ansprechen. Ob das daran liegt, dass diese Geschichten seit vielen Jahrzehnten und vielleicht schon seit Martin Luthers Zeiten immer wieder in derselben einseitigen Betrachtungsweise ausgelegt werden? Ich denke, dass bei solchen traditionellen Auslegungen einfach vergessen wird, dass die Zuhörer heute mehr davon wissen, wie Menschen und auch wie sie selbst in gewissen Situationen reagieren würden und sich deshalb mit oberflächlichen Auslegungen nicht mehr zufrieden geben. Gerade die vielfältigen und oft genug eigenen Erfahrungen, wie Menschen unter Stress, bei Bedrohungen oder in Angst reagieren und wie sie versuchen, mit solchen Situationen fertig zu werden, haben hier vieles neu sehen gelehrt. Und solche Erfahrungen haben zugleich deutlich werden lassen: In vielen Situationen, die in der Bibel geschildert werden, würden Menschen unserer Tage genau so oder sehr ähnlich reagieren wie die Menschen damals. Wir brauchen Auslegungen, die uns zeigen, wie nahe uns die Menschen doch sind, von denen die Heilige Schrift erzählt. Und ich freue mich immer wieder, wenn ich einen Anstoß bekomme, einen alten Text mit neuen Augen zu sehen und so auszulegen – etwa bei den Fortbildungen für Laienprediger unserer Evangelisch-methodistischen Kirche (EmK). Auch die hier folgende Auslegung eines altbekannten Textes ist bei einer EmK-Fortbildung angeregt worden.
Dabei geht es um die Geschichte vom goldenen Kalb im 32. Kapitel des 2. Buches Moses (Übersetzung „Die gute Nachricht")

„Die Israeliten unten im Lager hatten lange auf Moses Rückkehr gewartet. Als er immer noch nicht kam, liefen sie alle bei Aaron zusammen und forderten „Mach uns einen Gott, der uns schützt und führt! Niemand weiß, was aus diesem Mose geworden ist, der uns aus Ägypten hierher gebracht hat." Aaron sagte zu ihnen: „Nehmt euren Frauen, Söhnen und Töchtern die goldenen Ringe ab, die sie an den Ohren tragen, und bringt sie her!" Alle nahmen ihre goldenen Ohrringe ab und brachten sie zu Aaron. Er schmolz sie ein, goss

das Gold in eine Form und machte daraus ein Stierbild. Da riefen alle: „Hier ist dein Gott, Israel, der dich aus Ägypten geführt hat!" Aaron errichtete vor dem goldenen Stierbild einen Altar und ließ im Lager bekannt machen: „Morgen feiern wir dem Herrn zu Ehren ein Fest!" Früh am nächsten Morgen brachten die Israeliten Tiere, die als Brandopfer dargebracht oder für das Opfermahl geschlachtet wurden. Sie setzten sich zum Essen und Trinken nieder , und danach begannen sie einen wilden Tanz.

Da sagte der Herr zu Mose „Steig schnell hinunter! Dein Volk, das du aus Ägypten hierher geführt hat, läuft ins Verderben. Sie sind sehr schnell von dem Weg abgewichen, den ich ihnen mit meinen Geboten gewiesen habe: ein gegossenes Kalb haben sie sich gemacht, sie haben es angebetet und ihm Opfer dargebracht und gerufen: „Hier ist dein Gott, Israel. der dich aus Ägypten geführt hat!" Weiter sagte der Herr zu Mose: „ Ich habe erkannt, dass dies ein widerspenstiges Volk ist. Deshalb will ich meinen Zorn über sie ausschütten und sie vernichten. Versuche nicht, mich davon abzubringen! Mit dir will ich neu beginnen und deine Nachkommen zu einem großen Volk machen." Mose aber suchte den Herrn, seinen Gott, umzustimmen und sagte: „Ach Herr, warum willst du deinen Zorn über dein Volk ausschütten, das du eben erst durch deine große Macht aus Ägypten herausgeführt hast? Du willst doch nicht, dass die Ägypter von dir sagen: ‚Er hat sie nur weggeführt, um sie dort am Berg zu töten und völlig vom Erdboden auszurotten!' Lass ab von deinem Zorn und verfahre nicht so grausam mit deinem Volk! Denk doch an Abraham, Isaak und Jakob, die dir treu gedient haben und denen du mit einem feierlichen Eid versprochen hast: ‚Ich will eure Nachkommen so zahlreich machen wie die Sterne am Himmel; ich will ihnen das ganze Land, von dem ich zu euch gesprochen habe, für immer zum Besitz geben.' Da sah der Herr davon ab, seine Drohung wahrzumachen, und vernichtete sein Volk nicht."

Thema meiner Predigt ist nun der zweite Teil dieses Textes, in dem Mose Gott davon abbringt, das Volk Israel auszulöschen. Nichtsdestoweniger habe ich den ganzen Text zitiert, weil gerade der erste Teil sprichwörtlich und weit über christliche Kreise hinaus bekannt geworden ist und zum Verständnis des zweiten Teiles unbedingt notwendig ist.

Der ‚Tanz um das goldene Kalb' ist schon seit langer Zeit und heute vielleicht mehr denn je ein sehr beliebtes Thema. Aber passt das, was in diesem Text berichtet wird, wirklich zu dem, was wir heute damit verbinden? Sprichwörtlich geworden ist ‚der Tanz um das goldene Kalb' als Ausdruck einer hemmungslosen Hinwendung zu Geld oder – in biblischer Sprache – einem Gott ‚Mammon' als dem zentralen Wert unserer Gesellschaft. Wo dann geldgierige Bank- und sonstige Manager, wo Spekulanten und Stars der Unterhaltungsindustrie, die alle nur Raffgier im Kopf haben, als Leitbilder und Vorbeter gesehen werden, denen andere Menschen nacheifern.

Wenn wir eintauchen in die Situation dieses verlorenen Haufens von Flüchtlingen, die da in der Einsamkeit der Wüste lagern, die gerade mal mit dem Leben davongekommen sind und denen die zuerst so schmackhaft erscheinende Kost längst zum Halse heraushängt, dann ergibt sich doch ein ganz anderes Bild. Da geht es um Verzweiflung und Resignation, um Rat- und Hilflosigkeit, da regiert die angstvolle Frage, wie es denn weitergehen soll und weitergehen kann. Der charismatische Führer Moses ist seit 30 Tagen weg – weggerufen von jenem unsichtbaren Gott, von dem er immer erzählt hat. Dass er überhaupt noch am Leben ist, das erscheint immer unwahrscheinlicher – schließlich hatten er und sein Begleiter Josua ja keine Vorräte an Lebensmitteln und Wasser mitgenommen, als sie Gottes Ruf auf den Berg Sinai Folge leisteten. Aber wie soll man sich diesen unsichtbaren Gott eigentlich vorstellen, in dessen Auftrag zu handeln Moses immer wieder behauptet, dessen Stimme er angeblich in Donnergrollen hört und den er angeblich in Naturerscheinungen wahrnimmt? Wie soll es weitergehen, wenn dieser so seltsam wirkende Führer Moses nicht wiederkommt und wenn damit jeder Kontakt abbricht zu dem Gott, von dem er immer erzählt und von dem niemand weiß, wie man sich ihn vorstellen kann? Ist ein Gott, der unsichtbar sein und bleiben will, überhaupt eine Realität – oder nur ein Hirngespinst, eine Halluzination? Natürlich hat dieser Haufen von Flüchtlingen da so einiges erlebt, was sich verstandesgemäß nicht erklären lässt – aber jetzt ist die Vorstellungskraft an ein Ende gekommen und jetzt möchte man doch wenigstens ein Symbol haben für diesen geheimnisvollen Gott – ein Symbol, das für seine Kraft und für seine Stärke steht und in dem man ihm die gebührende Verehrung entgegenbringen kann. Schließlich haben doch die Ägypter und andere Völker, von denen man gehört hat, alle solche Symbolgestalten, die ihre Götter repräsentieren – und warum sollen und dürfen wir das nicht? Fragen über Fragen, die da aufbrechen, während Moses Tag für Tag auf sich warten lässt und vielleicht längst schon tot ist. – Und so kommt es dann zu dem, was unser Text so anschaulich berichtet. Und auch das rauschende Fest, das sich anschließt an die Präsentation des Standbildes, das nun einen kraftvollen Gott repräsentieren soll – das muss nicht unbedingt verstanden werden als ein Fest voller Ausschweifungen und Exzesse, sondern das kann genauso verstanden werden als ein Fest des Aufatmens und der Freude darüber, dass nun eine psychisch schwer zu bewältigende, eine belastende Zeit vorbei ist. Die Versuchung, Symbole der Stärke, der Zuversicht haben zu wollen in schwierigen, in belastenden Zeiten – das ist doch etwas, das unserem Volk und das auch anderen Völkern gar nicht so fremd gewesen ist in Krisenzeiten, die als bedrohlich, als existenzgefährdend gesehen wurden. Ob das nun Fahnen sind, denen Menschen ihr Leben weihen wollen, politische Symbole oder charismatische Führergestalten: die Masse des Volkes möchte ihre Hoffnungen auf eine bessere Zukunft, die Bewahrung vor Bedrohungen, die Abwehr von Ängsten und den Schutz vor sozialen und wirtschaftlichen Katastrophen irgendwie verkörpert sehen. In passenden Symbolen oder in einem charismatischen Führer zum Anfassen und zum Bewundern. Die politische Geschichte bietet eine Vielzahl von Beispielen dafür – und auch die Geschichte der christlichen Kirche kennt bis auf den heutigen Tag solche Beispiele. Was dann einfach heißt: Die Geschichte vom goldenen Kalb ist nicht etwas Außergewöhnliches, sondern die ganz normale Geschichte einer Versuchung, wie sie jedem Volk oder jeder ethnischen Gruppe entweder in der Geschichte schon passiert ist oder auch in Zukunft passieren könnte. Es wäre arrogant, sich darüber erheben zu wollen und auf diese Gruppe von Flüchtlingen in der Sinai-Wüste herabzublicken – hier schreiben die Verfasser des Alten Testaments einfach aus Lebenserfahrung.

Und wie verhält es sich nun mit dem zweiten Teil unseres Textes, dem Text ‚vom zornigen Gott', über den nachzudenken Zielsetzung der Fortbildung war, von dem ich eingangs sprach? Auch dies ist – jedenfalls gibt der Text das unmissverständlich her! – die Geschichte einer Versuchung, wenn auch einer Versuchung ganz anderer Art.

In diesem zweiten Teil des Textes zeigt sich die Reaktion Gottes als Zentralteil der Geschichte vom goldenen Kalb, zu der es dann ja auch noch einen dritten Teil gibt, aufr den ich hier nicht eingehe. Gott ist zornig, weil offensichtlich alle Mühe, die er seit der Wahl Abrahams an diesen selbst, an seine Familie und an seine zum Volk gewordenen Nachkommen gewandt hat, vergeblich gewesen ist. Und deshalb möchte er dieses undankbare Volk ausradieren aus dem Buch der Geschichte. Eine Kurzschlussreaktion? – aber eigentlich doch nicht zu verstehen, weil derselbe Gott ja schon nach der Sintflut resignierend feststellen musste: ‚das Trachten des menschlichen Herzens ist böse von Jugend auf!'. Wenn der allwissende Gott wissen musste, wie wenig Verlass auf dieses Volk sein konnte, warum ist er dann so zornig und warum hat er nicht schon früher eingegriffen? Fragen, über die nachzusinnen müßig ist: Unser Text begnügt sich mit der Feststellung, dass der zornige Gott sein auserwähltes Volk in der Versenkung verschwinden lassen, aber gleichzeitig mit Moses einen Neuanfang machen möchte. Bei einem solchen Neuanfang soll dann Moses ein ‚neuer Abraham' werden und Träger der Abraham gemachten Verheißungen. Offensichtlich hat Gott Moses geprüft und für würdig befunden, so dass er ihm anbietet „Mit dir will ich neu beginnen und deine Nachkommen zu einem großen Volk machen."

Ein Vertrauensbeweis und eine Ehre, die einzigartig sind: Partner Gottes werden und Stammvater eines neuen Volkes. Aber dieser Vertrauensbeweis und diese Ehre können auch erschrecken lassen: „Wer bin ich denn, dass Du, Gott, mich auserwählst?" Wie soll, wie kann Moses damit zurechtkommen – gerade angesichts eines Zornes Gottes, der sich sicher auch gegen ihn wenden würde, wenn er und seine Nachkommen Gottes Erwartungen nicht erfüllen und scheitern würden?

Das Angebot Gottes an Moses ist eine ungeheure, eine einzigartige Versuchung. Wenn er „ja" sagt, dann verschwindet das ganze undankbare und widerspenstige Volk, das ihm bisher nur Ärger bereitet hat; dann kann er ganz neu anfangen und dann öffnet sich vor ihm eine ganze Welt voller neuer, faszinierender Möglichkeiten. Warum also zögert er, dieses Angebot anzunehmen?

Ich kann mir gut vorstellen, dass Mose es bei diesem Angebot Gottes mit der Angst bekommt: Angst vor der Verantwortung Gott gegenüber, Angst vor der Größe dessen, was da auf ihn zukommen würde und schließlich Angst vor der Einsamkeit – vor der dünnen Luft da oben an der Spitze, wie wir heute sagen – die mit der Annahme dieses Angebots verbunden sein würde. Und nach seinen persönlichen Erfahrungen war er wohl auch realistisch genug, um sich darüber klar zu sein, dass es wohl über seine Kräfte gehen würde, mit dieser Aufgabe, mit einer solchen Herausforderung zu leben.

Ein kurzes Ringen mit sich selbst – und dann ein klares, unmissverständliches ‚Nein, danke!' zu Gottes Angebot. ‚Eine Nummer zu groß für mich' – so etwa in der Ausdrucksweise unserer Zeit. Sehr realistisch und folgerichtig: Gott hat Moses berufen, dieses Volk Israel zu führen – und Gott weiß, dass dieses ‚Führen sollen und führen müssen' Moses nun wirklich keine Freude gemacht, sondern nur Ärger und Mühe gebracht hat. Als Schwiegersohn des Königs der Midianiter hätte er wirklich ein bequemeres und geruhsameres Leben haben und sich eine gesicherte Existenz aufbauen können! Und jetzt ein solches Angebot mit unvorhersehbaren Auswirkungen? Da ist doch ein „Nein, danke" und ein, „Was ich habe – und selbst bei allem Ärger mit diesem Volk Israel! – das weiß ich, aber was ich anstelle dessen bekommen würde, das weiß ich nicht und das kann doch nur noch schlimmer werden!" Und nachdem er für sich selbst diese Entscheidung getroffen hat, fängt Moses dann an, so mit Gott zu handeln und ihn anzuflehen, wie es unser Text eindrücklich schildert. Und Gott dämpft seinen Zorn und nimmt sein Vernichtungsvorhaben für das ganze Volk zurück.

Was wäre geschehen, wenn Moses der Versuchung nachgegeben hätte, ein neuer Abraham zu werden? – Müßig, darüber zu spekulieren, die Verfasser unseres Textes interessiert nur, dass Moses dieser übermenschlichen Versuchung nicht nachgegeben hat. In der ganzen Bibel gibt es nur eine vergleichbare Versuchungsgeschichte: Es ist die Versuchung Jesu, dem der Teufel die Herrschaft über alle Reiche dieser Welt anbietet „wenn du niederfällst und mich anbetest', wie die Evangelisten Matthäus und Lukas schreiben. Wer Gottes Auftrag erfüllen will und soll, der muss auch persönlichen Versuchungen widerstehen können – und da Moses das konnte, geht Gottes Geschichte mit seinem Volk Israel weiter. Und Moses wird es weiter auf seinem Weg in das verheißene Land führen, auch wenn es durch göttliche Strafgerichte und vielerlei Entbehrungen gehen muss. Moses hat in unserem Text die Stärke gezeigt, die Versuchung zurückzuweisen, die in Gottes Angebot lag und Gottes ursprünglichem Auftrag treu zu bleiben – auch wenn das für ihn wirklich nur Mühen und eine Kette von Belastungen bedeutete. Zwei Arten von Versuchung, die uns in diesen beiden ersten Teilen der Geschichte vom goldenen Kalb begegnen: zum einen die Versuchung eines ganzen Volkes, sich eine, wenn auch noch so trügerische, Sicherheit zu verschaffen durch das Idol eines starken, eines kraftstrotzenden Gottes, dem man in eben diesem Symbol Verehrung entgegenbringen wollte: Man wollte damit ‚sein wie die anderen Völker und keine Sonderrolle spielen oder ertragen müssen. Und zum anderen die Versuchung eines Einzelnen, der vor eine übermächtige Herausforderung gestellt wird, weil er als ‚Partner Gottes' Verantwortung und damit Macht übertragen bekommen könnte in einem Ausmaß und mit Konsequenzen, die er nicht übersehen kann.

Zwei Arten von Versuchung, die in unterschiedlicher Gewandung bis in unsere Tage immer wieder auf ganze Völker und auf einzelne Menschen zugekommen sind und zukommen: Auf viele Ungenannte, die sich als ‚Masse' verführen lassen und die dann, wenn es daneben geht, jede persönliche Verantwortung von sich weisen und die dann nur ‚Mitläufer' gewesen sein wollen. Und auf Einzelne, die sich dann entweder scheuen, sich der mit der Versuchung verbundenen Verantwortung zu stellen und die lieber ‚auf der sicheren Seite' bleiben oder aber den Mut aufbringen, es eben doch zu versuchen – auch auf eine sehr naheliegende Gefahr hin, dass ein Scheitern vorprogrammiert ist. Wie auch immer Versuchungen daherkommen mögen – sie sind eine Herausforderung gerade für Christen, die weltweit jenes ‚und führe uns nicht in Versuchung' beten, das sie Jesus selbst gelehrt hat. Jener Jesus, der in seinem Leben alle Versuchungen der Macht kennengelernt und zurückgewiesen hat. Und erst recht seit Jesu Auferweckung von den Toten gilt für Christen, was Jakobus in seinem selten genug zitierten Brief schreibt:

Glücklich ist der zu nennen, der die Bewährungsproben besteht und im Glauben fest bleibt. Niemand, der in Versuchung gerät, kann behaupten: „Diese Versuchung kommt von Gott:"

Denn Gott, der für das Böse unangreifbar ist, wird niemanden zum Bösen verführen. Es sind vielmehr unsere eigenen begehrlichen Wünsche, die uns immer wieder zum Bösen verlocken. Lasst euch also nichts vormachen, liebe Brüder!" – und Schwestern, werden wir heute ergänzen. Versuchungen können heute viel subtiler und raffinierter daherkommen als in biblischen Texten geschildert, und können sogar die Versuchung eines ‚aber damit würden sie doch soviel Gutes bewirken!' in sich bergen. Aber gerade einschmeichelnden Formulierungen gegenüber steht dann das Wort Jesu *„Was hülfe es dem Menschen, wenn er die ganze Welt gewönne und nähme doch Schaden an seiner Seele."*

3.2 Den Dank für Gottes Fürsorge nicht verschütten lassen

Eine Auswahl aus Psalm 104 (rev. Lutherübersetzung 1984)

„Lobe den Herrn, meine Seele! Herr, mein Gott, du bist sehr herrlich; du bist schön und prächtig geschmückt. Licht ist das Kleid, das du anhast. Du breitest den Himmel aus wie einen Teppich; du baust deine Gemächer über den Wassern. Du fährst auf den Wolken wie auf einem Wagen und kommst daher auf den Fittichen des Windes, der du machst Winde zu deinen Boten und Feuerflammen zu deinen Dienern; der du das Erdreich gegründet hast auf festen Boden, dass es bleibt immer und ewiglich.
Du feuchtest die Berge von oben her, du machst das Land voll Früchte, die du schaffest. Du lässest Gras wachsen für das Vieh und Saat zu Nutz den Menschen, dass du Brot aus der Erde hervorbringst, dass der Wein erfreue des Menschen Herz und sein Antlitz schön werde vom Öl und das Brot des Menschen Herz stärke.
Es warten alle auf dich, dass du ihnen Speise gebest zu rechten Zeit. Wenn du ihnen gibst, so sammeln sie; wenn du deine Hand auftust, so werden sie mit Gutem gesättigt.
Ich will dem Herrn singen mein Leben lang und meinen Gott loben, solange ich bin."

Ein Text, der das Staunen über die vollkommene Schöpfung Gottes zusammenbringt mit dem Dank, dass Gott in seiner Güte Menschen und Tiere mit dem versorgt, was sie für ihr Leben brauchen. Dieses andächtige Staunenkönnen über die Wunder der Schöpfung, das seinen Ausdruck findet in so eindringlichen Bildern – und dieser ganz schlicht ausgesprochene Dank für die Versorgung mit dem Lebensnotwendigen kommen aus einer Welt mit ganz anderen Prioritäten als aus der unsrigen. Die Abhängigkeit der Menschen im damaligen Palästina davon, dass der Regen zur rechten Zeit kam und dass keine Dürre die Ernten vernichtete, findet sich an vielen Stellen des Alten Testaments. Und wenn die Ernte gut geraten und eingebracht war, dann wurden Feste gefeiert, bei denen Gott als Zeichen des Dankes die ersten Früchte des Feldes dargebracht wurden. Das Bewusstsein ihrer Abhängigkeit von Gottes Fürsorge war den Menschen damals immer gegenwärtig.

Und heute? – Da beten wir zwar in schöner Regelmäßigkeit ‚unser täglich Brot gib uns heute', aber welches Bewusstsein verbinden wir eigentlich noch damit? Nehmen wir nicht die Verfügbarkeit von allem, was wir zum Leben brauchen, geradezu als Selbstverständlichkeit, ohne uns darüber Gedanken zu machen, was alles dahintersteckt? Meine Frau und ich waren im Urlaub in einer der landwirtschaftlich besonders intensiv genutzten Regionen Österreichs, und wir haben mit unseren Freunden gebangt, dass der Regen zur rechten Zeit kam, damit die Ernte gedeihen konnte. Eine Gelegenheit, um wieder einmal zu erfahren, dass es solche Abhängigkeit von Gottes Fürsorge immer noch gibt. Und um einmal mehr Dankbarkeit dafür zu empfinden und zu erleben. Zugleich aber auch eine Gelegenheit, sich Gedanken zu machen über vieles, was heute so ganz anders läuft, als zu der Zeit des Psalmdichters. Wenn ich heute etwa akzeptieren soll, dass es umweltfreundlicher und letztlich einer sogenannten ‚Bewahrung der Schöpfung' dienlicher sein soll, geerntetes Getreide zur Erzeugung von Energie zu verbrennen, als für diesen Zweck Kohle, Gas oder Kernenergie einzusetzen, dann frage ich mich, ob wir eigentlich noch mit den vertrauten Bildern unserer Bibel so umgehen und diese so weiterverwenden können, wie wir es bisher gewohnt waren. Wie sollen wir unsere Kindern, wie sollen wir der mehr als einer Milliarde hungernder Menschen begreiflich machen, dass Getreide in unserem reichen Land ‚je nach Konjunktur' Brot werden soll, für das wir Gott danken – oder Brennstoff für die Kessel der Kraftwerke? Und es gibt andere Fragen dieser Art, denen Christen nicht ausweichen können, wenn sie ehrlich bleiben wollen. Wenn ich heute über den Bonner Markt gehe, dann werde ich immer wieder überwältigt von einem Angebot exotischer Früchte, exotischer Gemüse und Blumen, die alle viele tausende Kilometer durch die Luft mit Frachtflugzeugen hierher gebracht wurden. Wenn ich dieses Obst oder dieses Gemüse ‚mit Danksagung' auf den Tisch bringe – schließt dann dieser Dank auch Fakten ein, die mir gar nicht so angenehm sind, wenn ich sie mir einzeln ins Bewusstsein rufe? Wenn ich daran denke, dass womöglich viele Kleinbauern in Südamerika, in Südasien, in Palästina oder Südafrika von ihren Äckern vertrieben wurden, um Platz zu schaffen für die großen Flächen, die man braucht, um jene großen Maschinen einsetzen zu können, die notwendig sind, um die teure menschliche Arbeitskraft zu ersetzen? Wie viele Menschen als schlecht bezahlte Tagelöhner schuften müssen, damit ich hier zu erschwinglichen Preisen argentinische Birnen, südafrikanische Weintrauben, chinesische

Litschis, palästinische Orangen, Rosen aus Kenia oder was sonst auch immer kaufen kann? Und wie viele Frachtflugzeuge alltäglich oder allnächtlich abertausende Tonnen von Kerosin in ihren Triebwerken verbrennen und als CO-2 in die Atmosphäre blasen, damit wir uns an diesem Angebot, an diesen Blumen freuen können? Was schließt solches ‚mit Danksagung' eigentlich alles ein, was für andere, die ich nie zu Gesicht bekomme, Mühsal, Qual oder die Zerstörung von Hoffnungen und Lebensplänen bedeutet? Beeinträchtigung oder gar Zerstörung einer natürlichen Umwelt, die ihre Folgen haben wird für kommende Generationen, die aber mit diesem Angebot auf unseren Märkten verbunden ist? Viele Fragen, die sich da auftun und die zum Nachdenken anregen. Zum Nachdenken darüber, wie ernst es gemeint ist mit Diskussionen um Globalisierung und um ein ‚die Erde retten und die Klimakatastrophe vermeiden' oder was sonst auch immer gerade medienwirksam gefordert wird. Wo bleibt da der Platz für die Dankbarkeit und das Lob Gottes, zu denen uns unser Psalm aufruft? Und ich denke weiter, dass der Dank für das tägliche Brot und für alles, was wir damit verbinden, nicht nur beschränkt bleiben sollte auf einen isolierten Erntedank-Gottesdienst, sondern dass dieser Dank immer im Bewusstsein präsent bleiben und auch in andern Gottesdiensten zum Ausdruck kommen sollte als Ergänzung zu der Bitte um das tägliche Brot – Dank und Lobpreis als Grundanliegen von Christen, die sich der Fürsorge und der sie immer wieder suchenden und bergenden Liebe Gottes in Jesus Christus bewusst sein und dies auch weitergeben sollten. Das sollte eigentlich zu jeder Begegnung von Christen dazugehören – und es sollte auch zu finden sein auf Großveranstaltungen wie dem Kirchentag 2007, für den sich so viele von Ihnen so engagiert eingesetzt haben.

Da ich auf diesem Kirchentag zusammen mit einer alevitischen Theologin eine eigene Veranstaltung hatte, bekam ich schon sehr früh das Programmbuch zugeschickt, und ich hatte Zeit genug, es auch daraufhin durchzugehen, wo und bei welchen Veranstaltungen denn eigentlich dieser Dank und dieser Lobpreis besonderes Anliegen waren. Wie viele der insgesamt an die 3000 Veranstaltungen waren eben diesem Dank und diesem Lobpreis gewidmet? Es mag natürlich sein, dass ich das eine oder andere übersehen habe – aber wenn es solchen Dank im offiziellen Angebot gegeben haben sollte, dann war er zumindest sehr versteckt. Ob die Programmgestalter bzw. die Arbeitsgruppen, die die Programmpunkte auswählten und dann zur Genehmigung vorlegten, keinen Grund oder keinerlei Anlässe sahen, Dank an Gott in das Programm aufzunehmen? Passte solcher Dank nicht in ihr Konzept? Um den Lobpreis war es dann schon besser bestellt, weil die Musik die Herzen erfüllte und sich einfach Luft machen musste im Lobpreis Gottes: Meine Frau hat mit größter Begeisterung mitgesungen, als mehr als 1000 Sängerinnen und Sänger spontan Bachkantaten sangen.

Nun gab es ja gar nicht ‚den' einen Kirchentag, sondern eine große Vielzahl einzelner, individueller Kirchentage, die sich jeder Teilnehmer ganz persönlich gestaltete, wenn er aus den schon genannten etwa 3000 Veranstaltungen seine persönliche Auswahl traf. Und deshalb hat jeder Teilnehmer diesen Kirchentag anders gesehen und erlebt und kann eigentlich nur von seinen eigenen Erfahrungen sprechen und von dem, was ihn bewegt und was er an Eindrücken mitgenommen hat.

Ich selbst habe den ‚Köln-2007-Kirchentag' erlebt nicht als einen Kirchentag des Dankes oder der Freude darüber, dass Gott uns immer wieder so vielfachen Anlass gibt, ihm zu danken für seine Fürsorge, für den Frieden, den er unserem Land seit vielen Jahren geschenkt hat und für vieles mehr. Ich habe diesen Kirchentag erlebt als einen Kirchentag des vielfältigen Forderns und vielfältiger Auseinandersetzungen. Geradezu endlose Forderungskataloge von Christen an die Politiker, an die Entscheidungsträger in der Wirtschaft und in den Medien, an die multinationalen Konzerne, an die als ungerecht empfundene Gesellschaft, an Muslime, die sich nicht integrieren, sondern eigene Wege gehen wollen, an die Kirchenleitungen und an wen sonst auch immer. Und in die Gegenrichtung dann Forderungskataloge pauschal an die Adresse ‚der Christen' und gezielter an die Kirchenleitungen der Evangelischen Kirche und selbst der Römischen Kirche, die alle endlich das tun sollen, was die Medienmacher, die öffentliche Meinung, die Politiker und jene als NGOs bezeichneten Verbände als ihre ganz eigenen Interessen durchsetzen wollen. Wozu dann noch das kommt, was etwa die Vertreter der Muslime und darüber hinaus alle möglichen Randgruppen und Initiativen von der Evangelischen Kirche und von evangelischen Politikern noch erwarten oder fordern. Und geradezu ausufernde, sehr emotional vorgetragene

Forderungen, die Welt zu retten und insbesondere die als Horrorvision beschworene Klimakatastrophe abzuwenden, die Schöpfung zu bewahren, weltweit Frieden zu schaffen, die Globalisierung abzuschaffen oder umzuschaffen – und wer weiß was sonst noch. Und dazu dann Auseinandersetzungen wie etwa die zwischen den Repräsentanten von Christen und Aleviten auf der einen und den Repräsentanten von Muslimen auf der anderen Seite – und dann Auseinandersetzungen zwischen Christen selbst, bei denen es um das rechte Verständnis der Heiligen Schrift und dann des christlichen Glaubens überhaupt ging. Es war schon bezeichnend, wie bei diesen Auseinandersetzungen sehr emotional darüber gestritten wurde, welche der Vorstellungen, die konservative oder liberale Christen von Gott haben, richtig, weniger richtig, falsch, zulässig oder unzulässig sind. Über Gott reden – ja, das ging in vielfachen und auch sehr kontrovers angelegten Variationen – aber mit ihm reden? Und wenn schon Reden mit Gott, dann eben nicht, um ihn anzubeten, ihn zu loben, ihm zu danken – sondern um von ihm zu fordern in Form von Gebeten, mit denen politische oder gesellschaftspolitische Forderungen beschworen und nochmals gesteigert werden sollten. Forderungen aller Art an Gottes Adresse – ja, das ging und das passte, – aber als Christen öffentlich beten wollten um Hilfe, Unterstützung und Trost für weltweit um ihres Glaubens willen verfolgte christliche Geschwister, da wurde das von der Kirchentagsleitung abgelehnt, weil es angeblich den ‚Frieden' hätte stören können.

Über Gott reden oder ihn als Adressaten ansprechen, der politische oder gesellschaftspolitische Wunschvorstellungen umsetzen soll, das fällt offensichtlich leicht und das wird auch in der Öffentlichkeit akzeptiert oder zumindest toleriert – aber mit ihm sprechen, ihm danken, ihn anbeten, ihn loben – das wird dann etwas ganz anderes und da hören dann oft genug Verständnis und Toleranz auf. Da kommt dann jene Distanz auf, auf die schon Jesus selbst hinwies, als er seine Jünger auf drohende Verfolgungen und Ausgrenzungen einstimmte. Wir sind hier frei, unseren Glauben zu leben und ihn öffentlich zu bekennen, – aber wie bewusst ist es uns, dass das in einer wachsenden Zahl von Ländern nicht oder nicht mehr der Fall ist? Und so sollten wir unseren Dank für unsere Freiheit verbinden mit der Bitte um Gottes Trost und besondere Zuwendung für die

Geschwister im Glauben, die ihres Lebens nicht sicher sein können, weil sie Christen sind und bleiben wollen.

Lobpreis und Dank für Gottes großartige Schöpfung und für Gottes Fürsorge für seine Geschöpfe – der Beter des 104. Psalms hat dies in einer so beeindruckenden Weise zum Ausdruck gebracht, dass wir es heute auch nicht überzeugender können. Wir haben ihm allerdings voraus, dass wir wissen und gewiss sein können, dass Gott seine Fürsorge und seine Liebe noch viel weiter getrieben hat, als der Beter des Psalms es voraussehen konnte: dass Gott in Jesus Christus Mensch und damit einer von uns wurde, um uns nachzugehen auf unseren Irrwegen, um uns zu suchen in unserer Verlorenheit und um uns wieder zurechtzubringen. Und weil dies so ist, darum ist unser Dank noch viel weitergehender und viel umfassender: Für uns ist Gott nicht nur der Schöpfer, der Allmächtige, der uns den Bestand und Weiterbestand unserer Erde zugesichert hat und der uns mit allem Lebensnotwendigen versorgt: für uns ist er liebender Vater und zugleich in Jesus Christus unser Bruder und Erlöser geworden. Und so können wir aus ganzem Herzen einstimmen in den Lobpreis und den Dank, den der 104. Psalm so großartig ausbreitet – dankbar sein für das, was er aussagt über Gott als den guten und fürsorglichen Schöpfer und darüber hinaus dankbar sein für seine in Jesus Christus offenbarte Liebe. Und wenn Skeptiker oder Besserwisser Anstoß nehmen wollen an einer Sprache, die nach ihrer Meinung ersetzt werden sollte durch eine modernere mit anderen Bezeichnungen für Gott oder wenn sich Menschen abquälen mit Überlegungen, wie sie wohl ‚die Schöpfung bewahren' könnten oder sollten, weil sie Gottes Zusagen nicht mehr vertrauen können oder wollen: In seinem heute vielleicht nicht mehr ganz so gegenwärtigen Lied ‚Befiehl du deine Wege' singt der durch viel persönliches Leid gegangene Dichter Paul Gerhardt: „Auf, auf, gib deinem Schmerze und Sorgen Gute Nacht, lass fahren, was das Herze betrübt und traurig macht; bist du doch nicht Regente, der alles führen soll, Gott sitzt im Regimente und führet alles wohl!"

Eine Zusage und Erfahrung, die zurückführt auf unseren Psalmentext.

3.3 Gottes Wort auf dem Weg zu den Menschen

Predigt über 5. Mose 30,11–14

Wie kommt Gottes Wort zu den Menschen und zu jedem einzelnen so, dass es ihn persönlich anspricht, dass es ihn trifft? Auf diese Frage gibt es vielerlei Antworten: Man muss viel in der Bibel lesen, man muss Gelegenheit suchen, große Prediger zu hören, man muss regelmäßig an Gottesdiensten und anderen Veranstaltungen der Gemeinde teilnehmen, man muss, man muss – oder man sollte, man sollte ...

Ein interessantes Beispiel einer Antwort auf diese Frage fand ich durch Zufall in einem der Andachtsbücher, wie sie zu Dutzenden auf den Markt geworfen werden – eine kleine Geschichte zu einem Bibeltext, auf den ich anders bestimmt nicht aufmerksam geworden wäre. So heißt es im 5. Buch Mose, im 30. Kapitel, in den Versen 11–14:

„Denn das Gebot, das ich dir heute gebiete, ist dir nicht zu hoch und nicht zu fern. Es ist nicht im Himmel, dass du sagen müsstest: Wer will für uns in den Himmel fahren und es uns holen, dass wir's hören und tun? Es ist auch nicht jenseits des Meeres, dass du sagen müsstest: Wer will für uns übers Meer fahren und es uns holen, dass wir's hören und tun? Denn es ist das Wort ganz nahe bei dir, in deinem Mund und in deinem Herzen, dass du es tust."

So fragen und so antworten der oder die Verfasser dieses Buches, das nach den Erkenntnissen der Bibelwissenschaftler um 620 vor Christus im Jerusalem des Königs Josias verfasst wurde.

„Es ist ganz nahe bei dir, in deinem Mund und in deinem Herzen" – so die Antwort. Eine revolutionäre, eine geradezu moderne Antwort, wenn man sie in die Geschichte der Aufzeichnung des Alten Testaments stellt, die insgesamt einen Zeitraum von etwa 1000 Jahren umfasst. Denn in dieser Zeitspanne haben sich die Vorstellungen von Gott und von der Art und Weise, wie er sich den Menschen offenbart, ganz entschieden geändert, wobei dann auch Vorstellungen aus benachbarten Religionen übernommen und verarbeitet wurden. Gott kommt zu dem einzelnen Gläubigen eben nicht nur in großartigen Anreden und Wundern – die es auch gibt! – sondern auch in einer sehr viel schlichteren Weise, eben direkt in sein Herz als Zentrum seines Lebens.

Dazu die Geschichte aus dem Andachtsbuch „Frische Brise für die Seele" von Michael Stollwerk unter der Überschrift ‚Gott liebt es schlicht':
„Ein jüdischer Gesetzeslehrer wurde einmal gefragt : „Warum heißt es am Anfang der Gebote:‚Ich bin der Herr, dein Gott, der ich dich aus Ägyptenland, aus der Knechtschaft, geführt habe.' Warum steht dort nicht ‚Ich bin der Herr, dein Gott, der Himmel und Erde geschaffen hat?' Der Rabbi antwortete: ‚Hätte Gott sich damit bekannt gemacht, dass er Himmel und Erde geschaffen habe, dann hätte der Mensch vielleicht gesagt: ‚Das ist mir zu groß, da traue ich mich nicht hin.' Darum hat Gott es einfacher gemacht und viel deutlicher, so dass der Mensch es fassen konnte. Er hat gesagt: ‚Ich bin's, der ich dich aus dem Dreck geholt habe, komm nur herzu und höre, mir darfst du vertrauen."

Michael Stollwerk kommentiert dann diese Geschichte wie folgt:

„In dieser Antwort steckt die Weisheit des Glaubens. Der Glaube weiß, dass Gott dem Menschen menschlich begegnet, so dass der Mensch nicht sagen muss: „Das übersteigt meine Vorstellungskraft" oder „Das ist mir zu gewaltig." Gott ist mit uns unterwegs, und er zeigt sich überall dort, wo uns in schwerer Zeit Wege gebahnt werden. Mal spektakulär, mal ganz unscheinbar, aber immer hilfreich. Solche Spuren Gottes lassen sich mitten im Alltag finden. Spuren, die besagen: ‚Siehst du, hier bin ich bei dir gewesen. Du warst nie allein.' Wem Derartiges vertraut ist, der wird seinerseits bestrebt sein, Gott die Treue zu halten, ein Leben in der Rückbindung an seinen Willen zu führen. Das ist der innere Zusammenhang von Glaube und Dankbarkeit."

Soweit diese Geschichte, die mich sehr angesprochen hat. Nicht zuletzt deshalb, weil sie eine Brücke schlägt zu einer Geschichte, die zu der Zeit, als meine Frau und ich unsere Ausbildung zu Laienpredigern begannen, so verbreitet war, dass sie in sehr vielen Predigten zitiert wurde: Die Geschichte von ‚den Spuren im Sand'. Da sie heute schon bei vielen in Vergessenheit geraten sein mag und andere sie noch nicht gehört haben mögen, erzähle ich sie noch einmal:

„Ein Mann hatte eines Nachts einen Traum. Er träumte, dass er zusammen mit Gott an einem Strand entlang wanderte. Und während sie so dahinwanderten, blitzen quer über den Himmel Szenen aus seinem Leben auf. Und zu jeder dieser Szenen bemerkte er zwei Reihen von Fußspuren im Sand – eine, die zu ihm gehörte, und eine zweite, die zu Gott gehörte. Als die letzte dieser Szenen aus seinem Leben vor ihm aufblitzte, da drehte er sich um und sah zurück auf die Fußspuren im Sand. Dabei bemerkte er, dass viele Male auf diesem seinem Lebensweg nur eine einzige Fußspur im Sand zu sehen war. Und er bemerkte zugleich, dass dies immer dann der Fall war, wenn sein Leben an Tiefpunkten war, wenn es ihm richtig dreckig gegangen war und wenn er Anlass gehabt hatte, tieftraurig zu sein. Dies ärgerte und bedrückte ihn zutiefst und er wollte von Gott wissen, was das bedeutete.

„Herr, als ich mich einmal dafür entschied, Dir zu folgen, da hast Du mir gesagt, dass Du immer mit mir gehen würdest. Aber nun habe ich festgestellt, dass es während der bittersten, der schlimmsten Zeiten in meinem Leben nur eine einzige Fußspur gab. Ich kann nicht verstehen, warum Du mich gerade dann im Stich gelassen hast, als ich Dich am allernötigsten brauchte."

Der Herr antwortete: „Mein Sohn, mein kostbares, geliebtes Kind, ich liebe dich und ich würde dich niemals im Stich lassen. Was nun die Zeiten angeht, in denen es dir so schlecht ging und in denen du so gelitten hast, und in denen du nur eine einzige Fußspur gesehen hast: das waren die Zeiten, während derer ich dich getragen habe."

‚Von Gott getragen werden' in Zeiten und in Lebensumständen, wenn es nur dunkel aussieht und wenn das Leben ohne Freude ist und aussichtslos erscheint – in einem ‚Getragen werden' in solchen Lebensumständen manifestiert sich Gottes Nähe. Michael Stollwerks Interpretation des Textes aus dem 5. Buch Moses hat mich auch deshalb berührt, weil sie zeigt, dass dieser Text ein sehr tröstendes Wort ist, das für mich Gottes Nähe zum Ausdruck bringt: dieser Text ist für mich einer jener Texte, von denen ich gerne sage, dass sie den Schreibern des Textes direkt von Gottes Geist eingegeben sein können.

Denn mit dem „es ist das Wort ganz nahe bei dir, in deinem Mund und in deinem Herzen" sagt er doch, dass Gott den Glaubenden ganz persönlich ansprechen will – persönlich und auch in genau der Weise, die der Empfänger aufnehmen und verstehen kann. Und das heißt doch, dass der Angesprochene dazu neben seinem Gefühl und neben seinem Glauben auch seinen Verstand benutzen darf und dass er diesen weder abschalten noch über sein persönliches Erkenntnisvermögen hinaus strapazieren muss. Um es in moderner Weise auszudrücken: Gott will den Menschen mit seinem Wort ganzheitlich ansprechen und anrühren – nicht nur in Teilen. Um das konkret zu machen: Es gibt in den Büchern des Alten Testaments unterschiedliche

Vorstellungen von Gottes Selbstoffenbarung. Es gibt unterschiedliche Vorstellungen zur Schöpfung, zur Erschaffung des Menschen, zu der Bedeutung der Gestirne und der Naturkräfte und zu manchem anderen mehr. Und alle diese unterschiedlichen Berichte sind Ausdruck dessen, was der Verfasser des jeweiligen Textes als Gottes Offenbarung und als ihm in seinen Mund und in sein Herz gelegtes Wort Gottes empfand und erkannte. Gott hat sich immer von unterschiedlichen Menschen auf unterschiedliche Weise erkennen und wahrnehmen lassen – und die Bibel zeigt dies in vielfältiger Weise. Und weil das so ist, deshalb bin ich nicht darauf angewiesen oder gezwungen, irgendeine von irgendeinem bestimmten Ausleger biblischer Texte gewonnene und dann von ihm als auch für andere als verbindlich propagierte Erkenntnis als für mich bindend und verpflichtend zu übernehmen. Dies gilt beispielsweise auch für die Schöpfungsgeschichte, wie sie im Alten Testaments aufgezeichnet ist. Wir beschreiben heute den von Gott geschaffenen Kosmos mit allen in ihm angelegten Entwicklungen und selbst mit den Gefährdungspotentialen, die er birgt, anders als die Verfasser des Alten Testaments. Was hätte wohl ein Autor jener Zeit gesagt, wenn ihm heute miteinander konkurrierende Erkenntnisse und Hypothesen über den von Gott geschaffenen Kosmos, wenn ihm Erkenntnisse der Genetik und vieles andere mehr vorgestellt worden wären? Er hätte nichts damit anfangen und sie auch nicht seinen Lesern vermitteln können. Und genau so wenig kann und braucht heute ein glaubender Naturwissenschaftler im Alten Testament niedergelegte naturwissenschaftliche Vorstellungen als verpflichtendes Glaubensgut zu akzeptieren. Dass es auch im Verständnis des Einzelnen Entwicklungen und Fortschritte der Erkenntnis gibt, das formulierte schon Paulus, als er im Brief an die Korinther schrieb: *„Denn unser Wissen ist Stückwerk und unser prophetisches Reden ist Stückwerk. Wenn aber kommen wird das Vollkommene, so wird das Stückwerk aufhören. Als ich ein Kind war, da redete ich wie ein Kind und dachte wie ein Kind und war klug wie ein Kind; als ich aber ein Mann wurde, tat ich ab, was kindlich war."*

So fragt unser Text auch Menschen unserer Tage, was sie damit bezwecken, wenn sie sich erbittert darüber streiten, wie Stellen in der Bibel ‚richtig' zu verstehen oder auszulegen seien oder wie sie verstanden oder ausgelegt werden sollten: „Gottes Wort ist ganz nahe bei dir in deinem Mund und in deinem Herzen, dass du es tust!" – das ist die entscheidende Aussage und Weisung, die Gott hier gibt.

Für mich ist dieses Wort ein sehr tröstliches Wort, weil es mir sagt, dass Gott mich nicht mit Aussagen konfrontiert, die über mein Verstehenkönnen hinausgehen, mit denen ich nichts anfangen kann, weil sie für mich ‚eine Nummer zu groß oder zu hoch' – oder aber auch zu zeitgebunden - sind. Solches ‚Verstehen können' ist immer ein Problem geblieben – und auch für mich gibt es immer wieder neue Beispiele, die mich fragen und manchmal einfach aufgeben lassen. Dann etwa, wenn ich gelegentlich oder durch Zufall hineinschaue in Texte moderner Theologen, in denen ich oft mit sprachlichen und begrifflichen Monstern konfrontiert werde, mit denen ich beim besten Willen nichts anfangen kann. Sprach- und Begriffsmonster, die ich gerade einmal buchstabieren kann, von denen aber die darauf spezialisierten Theologen behaupten, dass sie den letzten Stand der Erkenntnis über Gott und sein Wirken in seiner Schöpfung und an seinen Menschen wiedergeben.

Gerade angesichts solcher Erfahrungen tröstet mich unser Text: Durch ihn sagt mir Gott, dass es gar nicht darauf ankommt, dass ich solche Behauptungen, solche Erkenntnisse und Weisheiten verstehen muss, um den Weg zu ihm zu gehen oder mich von ihm finden zu lassen. Er legt mir – um noch einmal aus unserem Text zu zitieren – ‚sein Wort ganz nahe, in meinen Mund und in mein Herz.'

Und um noch einmal zurückzukommen auf die beiden Eingangsgeschichten, die Auslegung von Michael Stollwerk und die Geschichte von den ‚Spuren im Sand': Auch ich habe das erlebt, was Stollwerks Interpretation und zugleich die Schlüsselfrage der zweiten Geschichte sagen will: „Wo warst Du, Gott, in der Zeit, als ich dich so dringend gebraucht habe?"

Auch die in Krisensituationen des eigenen Lebens spürbare Nähe Gottes – wie sie unser Text schon vor mehr als 2500 Jahren in einer so modernen Weise zum Ausdruck gebracht hat – ist Zeugnis für die zeitübergreifende Gültigkeit der Zusage der Liebe Gottes. Dass diese Liebe und dass der damit verbundene Trost von Gott dann auf unterschiedlichen Wegen zu uns kommen kann und uns in unterschiedlichen Situationen findet, das gehört dann dazu: Es gibt keine Standardsituationen und keine Schemata für Gottes Eingreifen. Die von mir sehr geschätzte Pfarrerin Hannelore Frank hat dies einmal in einer unnachahmlichen Weise so gesagt:

> „Wenn Gott uns helfen und beistehen will,
> wenn er uns trösten, raten und ermuntern will,

dann lässt er nicht ein Wunder mit Blitz und Donner geschehen,
sondern er schickt uns einen Menschen."

Sich offen halten für die Begegnung mit Menschen, die Gott uns schickt – und nicht Begegnungen oder Ratschläge auf Biegen oder Brechen erzwingen wollen: das gehört zu der Geduld, ohne die es im Umgang mit Gott nun einmal nicht geht. Der durch sehr viel persönliches Leid gegangene Dichter Paul Gerhardt hat in seinem Lied ‚Befiehl du deine Wege' dazu zwei Verse formuliert. Verse, die – auch wenn uns die 350 Jahre alte Sprache heute fremd und holprig erscheint – das zusammenfassen, was in unseren Tagen Christen immer schwerer zu vermitteln ist und was sie oft nicht akzeptieren wollen:

„Er wird zwar eine Weile mit seinen Trost verziehn
und tun an seinem Teile als hätt' in seinem Sinn
er deiner sich begeben und sollt'st du für und für
in Angst und Nöten schweben als frag er nichts nach dir.

Wird's aber sich befinden, dass du ihm treu verbleibst,
so wird er dich entbinden, da du's am mindsten glaubst
er wird dein Herze lösen von der so schweren Last.
die du zu keinem Bösen bisher getragen hast.

‚Gott ist in seinem Wort nahe bei mir, in meinem Mund und in meinem Herzen' – das ist eine Zusage an meine Adresse. Aber aus dieser Zusage an mich erwächst dann gleichzeitig eine Herausforderung: Die Herausforderung, Menschen, die mir Gott an den Weg oder direkt in den Weg stellt, etwas spüren zu lassen und weiterzugeben von seiner Liebe und seinem Trost. Und so mit den mir von Gott gegebenen Kräften etwas zu verwirklichen von dem, wozu der Apostel Paulus die Christen in der Gemeinde in Korinth auffordert, als er ihnen schreibt:

„So sind wir nun Botschafter an Christi Statt, denn Gott ermahnt durch uns; so bitten wir nun an Christi Statt: Lasst euch versöhnen mit Gott!"

Und das heißt dann: Helft diesen Menschen, dass ihr Leben in Ordnung kommt, dass sie neue Perspektiven bekommen, lasst sie etwas spüren von der Liebe Gottes, die ihr selbst erfahren habt! Eine Herausforderung, die in mir, die in uns allen Kräfte freisetzen kann. Kräfte, die uns dann selbst neu motivieren und aufrichten: „Gottes Wort ganz nahe bei dir, dass du es tust!"

4 Jesus – unkonventionell und deshalb ein Ärgernis

4.1 Er kam in sein Eigentum ...

Predigt zum 4. Advent über Johannes 1,11-12

Wegen der unmittelbaren Nähe zum Heiligen Abend habe ich einen Text gewählt, der schon zu Weihnachten überleitet: Joh 1, die Verse 11 und 12:

„Er kam in sein Eigentum, aber die Seinen nahmen ihn nicht auf. Allen aber, die ihn aufnahmen gab er Macht, Kinder Gottes zu werden, allen, die an seinen Namen glauben." *(rev. Lutherübersetzung 1984)*

In diesen beiden Versen haben wir die ‚Weihnachtsgeschichte des Johannesevangeliums', die in ihrer Kargheit weit zurücksteht hinter den bildhaften und dramatischen Berichten, die Lukas und Matthäus in ihren Evangelien bringen. Aber es ist ‚Weihnachtsgeschichte' – und die Feststellung ‚aber die Seinen nahmen ihn nicht auf" ist auch für die beiden anderen wesentlich. In der Matthäusgeschichte ist es zum einen Josef, der sehr ernsthaft überlegt, die schwangere Maria zu verlassen und zum andern die Verfolgung durch Herodes, die für dieses ‚... sie nahmen ihn nicht auf' steht. Bei Lukas, wo es friedlicher zugeht, steht dafür das ‚weil in der Herberge kein Platz für sie war' mit dem Stall als Zufluchtsort und der Krippe als Wiege.

Die prophetischen Weissagungen vom Kommen des Messias sprechen bis auf wenige Ausnahmen von einer Ankunft des Messias in Macht und Herrlichkeit. Und Lieder wie das verbreitete „Macht hoch die Tür, die Tor macht weit" sprechen ebenfalls diese Erwartung an – eine Erwartung, der das Bild des unter Volksjubel in Jerusalem einziehenden Jesus weit mehr gerecht wird als das Bild des hilflosen Kindes in der Krippe.

Erst neuere Liederdichter, die angesichts der Erfahrungen der letzten 100 Jahre ihre Schwierigkeiten mit einem ‚Kommen in Macht und Herrlichkeit' hatten, haben in ihren Liedern andere Akzente gesetzt.

Dieses ‚aber die Seinen nahmen ihn nicht auf" spiegelt nicht nur die Erfahrung der ersten Christen und der Verfasser der Evangelien wider: es zieht sich durch die Kirchengeschichte hindurch bis in unser ‚Heute'. So klaffen der Rausch der Vorweihnachts- und Weihnachtszeit und das Aufnehmen des als Kind in diese Welt kommenden Jesus immer weiter auseinander: Je schriller und aufdringlicher Weihnachtsmärkte, Kaufhäuser und Supermärkte sowie

Fernsehprogramme Advent und Weihnachten kommerzialisieren, desto mehr verschwindet die Bereitschaft und auch die Fähigkeit für jenes Stillewerden, das Vorbereitung für solches Wahrnehmen, Aufnehmen und Annehmen ist und auch sein sollte. Wenn ich etwa an die Verkäufer, an das Service-Personal und auch an die Geschäftsleute denke, die wochenlang die Advents- und Weihnachtslieder in oft unerträglicher Lautstärke über sich ergehen lassen müssen: für sie alle wird doch das Bild der ‚Stillen, Heiligen Nacht' verdrängt durch das einer lauten, kommerzorientierten ‚Fete-Nacht'! Und welches außergewöhnliche Maß an Fähigkeit zum Abschalten und Umschalten muss dann schon dazugehören, wenn jemand nach solcher Dauerberieselung am Heiligen Abend – oder auch schon im Gottesdienst eines Adventsonntages! – ein Advents- oder Weihnachtslied noch in Andacht und mit Überzeugung mitsingen kann!

Ich hatte in den ersten Dezembertagen am Rande eines der Bonner Weihnachtsmärkte ein entsprechendes Erlebnis: Da fuhr ein nagelneues Auto vor – ein offensichtlich gerade erst neu herausgekommener Audi A2 – und ein sehr hübsches Mädchen im perfekten Weihnachtsmann-Kostüm – also eine Weihnachtsfrau – stieg aus. Sie begann dann, viele große Weihnachtspakete auf Dach und Motorhaube zu packen, bis der Wagen fast zugedeckt war. Als alles fertig war, stellte sie sich in Positur, nahm einen Stoß Prospekte in die Hand und drehte dann das Autoradio auf Überlautstärke, so dass alle Umstehenden sich ihr zuwandten: Und das „Stille Nacht, Heilige Nacht ..." aus dem Autoradio überschrie alle Geräusche des Weihnachtsmarktes. Als ich diese Weihnachtsfrau fragte, was denn diese Art der Präsentation mit der ‚Stillen und Heiligen Nacht' zu tun habe, da wurde sie bitterböse und geradezu giftig darüber, dass ich sie in ihrer Arbeit störe ... Dieses Auseinanderfallen der Botschaft von Advent und der Ankunft Jesu in diese Welt und der Verkaufsschlacht, die aus der Advents- und Weihnachtszeit gemacht worden ist, wird immer krasser und macht es immer schwerer, heute noch die Freude und den Frieden zu finden, den die Engel der Weihnachtsgeschichte den Hirten verkündeten. Aber es gibt auch eine andere Art als die der schrillen Äußerlichkeiten, die auf ein ‚aber die Seinen nahmen ihn nicht auf" hinausläuft: Der Rückzug in eine weihnachtliche Romantik, wo dann anrührende Geschichten von Frieden und Versöhnung und möglichst prachtvoll aufgebaute Krippen ‚Weihnachtsstimmung machen' sollen.

Als Pflegedienstleiterin in Bad Neuenahr übernahm meine Frau allweihnachtlich eine sehr ungewöhnliche Zusatzaufgabe: An jedem Heiligen Abend gab die Klinikleitung ein großes Festessen für alle die Patienten, die während der Weihnachtstage in der Klinik blieben. Sehr feierlich mit musikalischer Ummalung, einer Ansprache des Medizinischen Direktors – und einer weihnachtlichen Geschichte, die an die versöhnende, friedenstiftende Funktion dieses Festes erinnern sollte. Auswahl und Vortrag dieser Geschichte war Aufgabe meiner Frau – mit der Nebenbedingung, dass nichts ‚besonders Christliches' in ihr vorkommen sollte, denn „wir haben ja schließlich Muslime und Menschen, die dem christlichen Glauben fern stehen, unter uns". Eben keine Aussage zu Glauben und der christlichen Verkündigung, dass das Kommen Jesu in diese Welt schließlich Grund ist für alle Weihnachtsfreude.

Meine Frau hat sich immer sehr viel Mühe gemacht mit der Auswahl einer geeigneten Geschichte, und ich bin ihr dabei zur Hand gegangen. Aus der Fülle weihnachtlicher Geschichten, wie sie in unüberschaubar großer Auswahl zu jedem Weihnachtsfest auf die Tische von Buchhandlungen und Kaufhäusern geworfen werden, haben wir gelernt, dass Autoren ein Bild von Weihnachten entwerfen können, das mit der Realität gar nichts zu tun hat. In einer Vielzahl solcher Geschichten wird Weihnachten so romantisch und gefühlvoll und so als Erfüllung von Sehnsüchten und Kinderträumen gestaltet, dass man den wahren Anlass dafür einfach ‚unter den Teppich kehren' kann. Es kann dann ein durchaus stimmungsvolles und mit angemessenen Dekorationen geschmücktes Fest werden – aber eben nicht mehr das Fest der Freude über das Kommen Jesu.

Und man kann solches Ausklammern und Beiseitelassen auch noch sehr überzeugend und großmütig damit begründen, dass man ja in unserer multikulturellen und multireligiösen Gesellschaft Rücksicht nehmen müsse auf Andersgläubige aller Art, denen man mit der christlichen Botschaft und ihrer Verkündigung zu nahe treten könnte. Wohin solche Rücksichtnahme dann geradezu zwangsläufig führt, zeigte eine Nachricht, die vor einiger Zeit durch die Presse ging: In der englischen Großstadt Liverpool wurde aus Rücksichtnahme auf die nichtchristlichen Mitbürger der Begriff ‚Weihnachtszeit' und mit ihm alle Hinweise auf das Weihnachtsfest in offiziellen Verlautbarungen und Schriftsätzen abgeschafft und durch religionsneutrale Umschreibungen ersetzt. Welch eine großartige Geste der Toleranz in einem Land, in dem bedeutende christliche Glaubensgemeinschaften ihren Ausgang genommen und in ihrem Engagement für die Armen und Randsiedler früherer Gesellschaftsformen diese verändert und geprägt haben. Solche Form eines ‚Nicht-Aufnehmen-Wollens' hat eine andere Qualität und Motivation als jene primitive Form des Kampfes gegen christlichen Glauben und das christliche Symbol Weihnachten in der kommunistischen und sozialistischen Welt, die wir noch in Erinnerung haben: hier wird sehr subtil das christliche Motiv der Rücksichtnahme auf Schwache und auf Minderheiten instrumentalisiert, um die Botschaft von Jesus und damit ihn selbst ‚draußen vor der Tür' zu halten.

Aber schaffen wir es denn, unter der Hetze und dem Stress, die in der Advents- und Weihnachtszeit in unser aller Leben eindringen, offen dafür zu bleiben, ihn aufzunehmen? Wer berufstätig ist, der wird heute zwangsläufig in diese ‚vorweihnachtliche Stress-Situation' gedrängt, und wer als Ruheständler ehrenamtlich tätig sein will, der wird sich ebenfalls in Belastungen gedrängt sehen, die in vielerlei Erwartungen und Herausforderungen mit dem Stillewerden und der Vorbereitung auf ein Empfangen Jesu kollidieren.

„Wie soll ich dich empfangen und wie begegn ich dir?" fragte der Dichter Paul Gerhardt in einer Zeit, die noch keinen Weihnachtsrummel und keine Reizüberflutung kannte. Und er gibt dazu die Antwort, die auch über die etwa 350 Jahre seither nichts an Aktualität verloren hat: „0 Jesu, Jesu setze mir selbst die Fackel bei, damit was dich ergötze, mir kund und wissend sei!" Eine etwas altertümliche und vom Geist ihrer Zeit geprägte Sprache, gewiss – aber der Hinweis, dass es nicht in unserer Macht steht, durch eigenes Bemühen und eigene Konzentrationsübungen ein unserer Meinung nach „richtiges" Empfangen und Aufnehmen zuwege zu bringen oder zu erzwingen, ist zugleich hilfreich und tröstlich. Jesus selbst muss uns dazu helfen – und er gibt uns das Licht, das wir brauchen, um durch die Lichtkaskaden von Weihnachtsmärkten und Einkaufsstraßen den Weg zu ihm zu finden: in jene Ärmlichkeit und Erbärmlichkeit einer Ankunft, für die der Evangelist Lukas das Bild von Stall und Krippe gesetzt hat.

Nach einer aktuellen Umfrage beabsichtigen etwa 55% aller Deutschen, zu Heiligabend oder Weihnachten in einen Gottesdienst zu gehen – und darunter sehr viele, die dort im Jahresverlauf nie anzutreffen sind. Ob diese Menschen in überfüllten Gottesdiensten in prachtvoll geschmückten Kirchen, wo häufig Meisterwerke abendländischer Musik aufgeführt und in einzelnen Fällen

Fernsehaufnahmen gemacht werden, Gelegenheit finden, ‚Jesus aufzunehmen'? Die Pracht und Perfektion solcher Gottesdienste und Aufführungen mag zwar zu den Messias-Weissagungen eines Kommens in Macht und Herrlichkeit passen – aber ich frage mich, ob solcher Glanz uns wirklich etwas von dem vermitteln kann, was damals in Betlehem geschah – ärmlich und sicher untergegangen in dem Betrieb einer aus Anlass der von Lukas berichteten Steuerschätzung überfüllten Stadt.

Und bei solchem Fragen würde ich wünschen, dass statt großartiger Fernsehpräsentationen christlicher Gottesdienste in unserem Land doch einmal Aufzeichnungen von Weihnachtsfeiern christlicher Gemeinden in Ländern der Christenverfolgung gezeigt würden: Ein Weihnachtsgottesdienst aus einer christlichen Gemeinde etwa in Pakistan, in Indonesien, im Südsudan, in Ägypten, in Vietnam oder in einer arabischen Christengemeinde in Palästina. In diesen Ländern, wo die Verfolgung draußen vor der Tür wartet und in denen gar nicht so selten der Tod durch fanatische Christenfeinde auch im Gottesdienst zuschlägt, bekommt die Aussage und die tröstende Zusage unseres Textes eine beklemmende Aktualität: Hier kommt Jesus in die ihm gehörende Welt und wird brutal zurückgestoßen – und ihn aufnehmen wollen bedeutet für dazu bereite Christen Verfolgung, Lebensgefahr und gerade in islamischen Ländern immer häufiger Tod. Ob ein Gottesdienst aus einer Gemeinde unter Verfolgung und in Lebensgefahr, wenn er denn bei uns als Fernsehgottesdienst übertragen würde, Christen in unserm Lande aufrütteln könnte zu einem Nachdenken darüber, was dieser knappe Text „Er kam in sein Eigentum, aber die Seinen nahmen ihn nicht auf. Allen aber, die ihn aufnahmen, gab er Macht, Kinder Gottes zu werden" an Tiefe und Weite in sich birgt und wie aktuell er auch in unserer ‚globalisierten Welt' ist?

Ich muss gestehen, dass ich irgendwie neidisch bin auf diese unsere Geschwister im Glauben in den genannten und in anderen Ländern, dass ich mich schäme, dass ich hier Weihnachten in Frieden und ohne Lebensgefahr feiern und genießen kann, während sie mit ihrem Leben für unseren gemeinsamen Glauben einstehen. Und ich kann nur unseren Herrn Jesus bitten, auch mein Leben und meinen Dienst gnädig anzunehmen, mir Licht zu sein in meine Finsternis. Auch in Trauer und Ehrfurcht angesichts der Geschwister im Glauben, die im zu Ende gehenden Jahr ihr Leben als Märtyrer im Glauben dahingegeben haben. Sie sind Zeugen dafür, was es heißt, sein Leben ganz Christus zu übergeben – und auch die Erfahrung jener Christen, die durch Gottes Führung in Afghanistan überlebt haben, steht für ein solches Zeugnis.

Am Ende der Adventszeit und vor dem Aufstrahlen der Weihnacht möchte ich diese Predigt schließen mit einer Bitte:

„Herr Jesus Christus, zünde du dein Licht in uns an, lass uns dein Kommen in unser Leben immer aufs Neue und gerade jetzt bewusst werden und nimm uns in all unserer Schwachheit und in all unserem Versagen dennoch an als Kinder Gottes, wie du es uns zugesagt hast – und worauf wir uns verlassen."

4.2 Wer sind die eigentlichen Helden unter den Arbeitern im Weinberg?

Matthäus 20,1-16 (rev. Lutherübersetzung 1984)

Das Himmelreich gleicht einem Hausherrn, der früh am Morgen ausging, um Arbeiter für seinen Weinberg einzustellen. Und als er mit den Arbeitern einig wurde über einen Silbergroschen als Tageslohn, sandte er sie in seinen Weinberg.
Und er ging aus um die dritte Stunde und sah andere müßig auf dem Markt stehen und sprach zu ihnen: „Geht ihr auch hin in den Weinberg, ich will euch geben, was recht ist." Und sie gingen hin. Abermals ging er aus um die sechste und die neunte Stunde und tat dasselbe. Um die elfte Stunde aber ging er aus und fand andere und sprach zu ihnen: „Was steht ihr den ganzen Tag müßig da?" Sie sprachen zu ihm: „Es hat uns niemand eingestellt." Er sprach zu ihnen: „Geht auch ihr hin in den Weinberg."
Als es nun Abend wurde, sprach der Herr des Weinbergs zu seinem Verwalter: „Ruf die Arbeiter und gib ihnen ihren Lohn und fang an bei den letzten bis zu den ersten."
Da kamen die um die elfte Stunde eingestellt waren, und jeder empfing seinen Silbergroschen. Als aber die ersten kamen, meinten sie, sie würden mehr empfangen und auch sie empfingen ein jeder seinen Silbergroschen. Und als sie den empfingen, murrten sie gegen den Hausherrn und sprachen: „Diese letzten haben nur eine Stunde gearbeitet, doch du hast sie uns gleichgestellt, die wir des Tageslast und Hitze getragen haben."
Er antwortete aber und sagte zu einem von ihnen: „Mein Freund, ich tue dir nicht Unrecht. Bist du nicht mit mir einig geworden um einen Silbergroschen? Nimm was dein ist und geh! Ich will aber diesem letzten dasselbe geben wie dir. Oder habe ich nicht Macht, zu tun, was ich will, mit dem was mein ist? Siehst du scheel drein, weil ich so gütig bin?"
So werden die Letzten die Ersten und die Ersten die Letzten sein.

Zu den bekanntesten Gleichnissen des Neuen Testaments gehört das Gleichnis von den Arbeitern im Weinberg. Es sagt mir deshalb mehr als vielen anderen, weil ich seit meiner Pensionierung regelmäßig einen Monat im Sommer und einen Monat im Herbst in den Weingärten von Freunden in der Südostecke Österreichs mitarbeite und deshalb weiß, was es mit dieser Arbeit auf sich hat. Von morgens 8.00 oder 9.00 Uhr durch die Hitze des Tages hindurch bis 17.00 oder 18.00 Uhr im Weinberg arbeiten, reihauf, reihab Reben schneiden oder Trauben lesen – da wird der Tag sehr lang, und da weiß man abends, was man getan hat. Und es ist und bleibt in den meisten Fällen Handarbeit, wie zur Zeit Jesu – auch wenn an die Stelle damals verwendeter Winzermesser heute technisch vervollkommnete Scheren getreten sind.

In dieser Predigt möchte ich einmal fragen, wer denn nun die eigentlichen Helden in dieser Geschichte sind.

Auf den ersten Blick ist alles klar: ‚Leistungsträger' sind doch die Leute, die morgens anfingen, den ganzen Tag über schufteten und zum Abend stolz darauf verweisen konnten, was sie geschafft haben. Ich kann das nachvollziehen, denn ich kenne dieses Gefühl nur allzu gut. Und der selbsternannte Sprecher dieser Mannschaft bringt dann auch zur Geltung, was in unserer Arbeitswelt jeder sozial gerecht empfindende Mensch denken würde: Arbeit unter erschwerten Bedingungen sollte durch eine Extraprämie Anerkennung finden.

Aber ich sagte: ‚Auf den ersten Blick!'. Denn: wechseln wir doch einmal die Blickrichtung und sehen das ganze anders herum an. Der damals für Tagelöhner übliche Tageslohn ist ein ‚Silbergroschen' oder ein Denar – wie manche Übersetzer schreiben. Das ist der Betrag, den ein Tagelöhner braucht, damit seine Familie ihr angemessenes tägliches Auskommen hat – nicht mehr, aber auch nicht weniger. Ein ‚die Existenz sichernder Mindestlohn' würden wir heute sagen. Und für einen, der sich voller Hoffnung morgens auf den Arbeitsmarkt begibt und dann auch gleich eingestellt wird, sieht der Tag doch gut aus: Er weiß, dass er zwar einen harten Arbeitstag vor sich hat, dass aber das Auskommen seiner Familie für diesen Tag gesichert ist und dass er Frau und Kinder bei seinem Nachhausekommen nicht enttäuschen wird. Und das war in einer Zeit, in der es keine Arbeitslosenunterstützung gab, doch sehr beruhigend. ‚Arbeit zu haben!' – und das haben inzwischen Millionen Menschen in unserem Land gelernt – das ist ein Grund, sich gut zu fühlen, das stärkt das Selbstwertgefühl, da fühlt man sich als nützliches Glied der Gesellschaft, da wird man anerkannt, und da kann man mitreden. Aber wie ist es da mit denen am anderen Ende unseres Gleichnisses, mit denen, die noch bis kurz vor Ende des Arbeitstages ohne Beschäftigung herumstehen? Die mit wachsender Hoffnungslosigkeit und schließlich wohl schon Verzweiflung darauf gewartet haben, dass doch noch jemand kommt und sie wenigstens kurzfristig anstellt? Den ganzen Tag über warten, miterleben, wie andere Arbeit bekommen – und mit dem Fortschreiten der Zeit wachsen die trüben Gedanken, dass die Familie an diesem oder nächsten Tag wird hungern oder nur mit ganz wenig auskommen müssen. Und da wächst die quälende Vorstellung, nach Hause zu kommen, Frau und Kindern sagen zu müssen, dass ‚heute nichts drin' war und dann in traurige Augen zu blicken. Das, so meine ich, wiegt viel mehr und ist viel schlimmer, als während derselben Zeit im Weingarten zu schuften mit dem guten Gefühl, abends Frau und Kindern das benötigte Geld nach Hause zu bringen.

Und wenn wir umschalten in unsere deutsche Gegenwart: Gerade diese Situation trifft doch zu für viele Menschen in unserem Land, wie etwa für Schul- und Universitätsabgänger, die Dutzende oder gar Hunderte von Bewerbungen schreiben und darüber verzweifeln können, dass keiner sie einstellen will. Und denen dann doch geraten wird, es immer weiter zu versuchen und nur nicht aufzugeben. Und ebenso für die als ‚zu alt' ausgemusterten Arbeitsuchenden, die etwa bei Betriebs- oder Geschäftsschließungen vor einem 'Nichts' stehen – und für die Langzeitarbeitslosen. Sie alle sind doch Gegenstücke zu denen, die in unserem Text noch bis kurz vor Einbruch der Dunkelheit darauf warten, dass da doch noch einer kommen möge, um ihnen wenigstens für kurze Zeit Arbeit zu geben. Und die immer noch nicht aufgegeben haben, weil sie Angst haben vor der Enttäuschung und Verzweiflung ihrer Frauen und Kinder, wenn sie ohne Verdienst nach Hause kommen.

Erst wenn wir die Aussage unseres Gleichnisses so übertragen in die aktuelle Lage auf dem Arbeitsmarkt unseres Landes, dann verstehen wir die Bedeutung dessen, was hier abläuft. Und das gilt dann auch für das heute immer wieder diskutierte ‚Selbstwertgefühl' – das positive Selbstwertgefühl derer, die das kostbare Gut ‚Arbeit' besitzen und das negative derer, die es verzweifelt begehren.

Aus solcher Veranschaulichung der Situation und ihrer Übertragung in unsere Zeit folgt dann auch etwas, das in unserem Text zwar nicht extra erwähnt wird, das sich aber aus der Schilderung der Situation von selbst ergibt: Mit der Auszahlung des vollen Tageslohnes an ‚die letzten' belohnt der großzügige Arbeitgeber hier weniger die Arbeitsleistung als vielmehr das Aushalten und die Investition in die Hoffnung, „dass es noch nicht zu spät ist und dass da doch noch einer kommen könnte" derer, die bis zum Abend auf Arbeit gewartet haben und die eben nicht irgendwann verbittert und enttäuscht nach Hause gegangen sind. Wer weggegangen ist, der hat seine Chance verpasst – aber wer ausgehalten hat, der konnte auch noch in der letzten Stunde in Dienst genommen werden.

Und da ist mir dann eine Aussage Jesu in einem seiner Lehrgespräche im Lukasevangelium gegenwärtig, wo es im 12ten Kapitel heißt: ‚Selig die, die der Herr, wenn er kommt, wachend findet ...' – und in unserem Text sehe ich ein sehr konkretes Beispiel dafür. Die, die hier ausgehalten haben gegen alle scheinbare Aussichtslosigkeit weiteren Wartens, die werden belohnt – und es ist dann auch eine Botschaft unseres Textes, dass es nie zu spät ist und dass es gilt, auszuhalten und nie die Hoffnung aufzugeben.

Ein zweiter Gedanke in unserem Text erscheint mir ebenfalls wert, auf ihn besonders einzugehen: jenes Aufbegehren des Sprechers derer, die von Anfang an dabei waren. „Du aber hast sie uns gleichgestellt!" oder - in einer anderen Übersetzung – „Du aber hast ihnen den gleichen Lohn gezahlt!" Wiederum in unsere Zeit übertragen: Hier würden gerade Gewerkschaftsfunktionäre als ‚Arbeitnehmervertreter' auf die Barrikaden gehen und lauthals protestieren: „Wie kann ein Kapitalist es in seinem Familienbetrieb wagen, so gegen das Gebot vom 'leistungsgerechten Lohn' zu verstoßen – gegen solche Willkür müssen wir einen Arbeitskampf führen!" Und wenn ich aus unserer sozialen Marktwirtschaft überschwenke in den Bereich von Kirche und Gemeinde, in dem wir uns bewegen – wie verhält es sich eigentlich dort mit dieser Aussage unseres Gleichnisses? In vielen christlichen Texten begegnet mir das Wort von den tüchtigen Arbeitern im Weinberg des Herrn. Und wenn es etwa bei einer Würdigung eines verdienten Mannes heißt „er war Zeit seines Lebens ein unermüdlicher Arbeiter im Weinberg des Herrn" – darüber, ob es damals schon ‚Arbeiterinnen' gab, darüber mögen sich daran Interessierte streiten, aber heute gilt diese Aussage natürlich genauso für Frauen – so bezieht sich das doch auf unser Gleichnis. Und wie verhält es sich dann mit jenem Aufbegehren, mit jener Beschwerde eines ‚aber du hast sie uns gleich gestellt' oder ‚du hast ihnen den gleichen Lohn gezahlt!'?

Als unser Sohn zum Studium nach Karlsruhe ging, engagierte er sich dort mit all der Begeisterung, die er von unserer Bonner Gemeinde mitgenommen hatte, in einer großen und zugleich sehr traditionsbewussten Gemeinde. Zusammen mit anderen Jugendlichen begann er eine neue Jugendarbeit mit neuen Akzentsetzungen – und brachte soviel neue Ideen ein, dass ihn die Jugendlichen zu ihrem

Sprecher wählten. Aber irgendwie passten diese Initiativen nicht in die Vorstellungen derer, die in dieser Gemeinde den Ton angaben – eben ‚der treuen Arbeiter im Weinberg des Herrn' – und so wurden diese neuen Initiativen zwar nicht grundsätzlich untersagt, aber mit soviel ‚wenn und aber' abgeblockt, dass die Jugendlichen schließlich die Freude an dieser Arbeit verloren und aufgaben. Denn wie soll man als Jugendlicher seine Stimme erheben gegen Argumente eines „Wenn du erst mal so lange im Dienst gewesen sein wirst wie wir und wenn du soviel erlebt haben wirst wie wir, dann wirst du die Zusammenhänge auch ganz anders sehen und ganz anders reden!" Und so verließ unser Sohn schließlich diese Gemeinde – um die Erfahrung reicher, dass es nichts bringt, als Jugendlicher anzugehen gegen Gemeindevertreter, die sich auf ihre Verdienste um ‚die Arbeit im Weinberg des Herrn' berufen.

Solches Berufen auf Verdienste heißt dann „Herr, wir haben doch in unserer Gemeinde Durststrecken durchgestanden, Zeiten, in denen es wirklich schlimm stand – und wir haben so viele persönliche Opfer gebracht – und jetzt sollen wir hören auf diese Quereinsteiger, auf diese Neuankömmlinge mit ihren unausgereiften Vorstellungen, auf Leute, die doch noch gar nicht wissen, worauf es ankommt? Willst du uns wirklich denen gleichsetzen, willst du wirklich nicht unseren lebenslangen, treuen Dienst als etwas Besonderes ansehen? Etwas, für das wir Anspruch haben auf besondere Anerkennung, auf besondere Würdigung?" Sie merken, wie ähnlich, wie nahe bei unserem Text eine solche Argumentation ist – und unausgesprochen, aber doch wahrnehmbar schwingt dann Bedauern mit darüber, dass es im Himmelreich nur eine einzige Lohnstufe für alle gibt – eben jenen Silbergroschen, den der Verwalter des Weinbergbesitzers an alle austeilt unabhängig davon, wie lange sie gearbeitet haben.

Wiederum auf Kirchen und Gemeinden übertragen: Bei Gott gibt es den gleichen Lohn für jeden. Und ganz unabhängig davon, ob er oder sie von Jugend an unermüdlich als Haupt- oder Ehrenamtlicher Dienst getan, im Rampenlicht gestanden und sich viele Verdienste erworben hat. Oder ob er oder sie als Quereinsteiger, als Spätberufener dazugekommen ist und dann nichts nach außen Wahrnehmbares mehr leisten konnte.

Kirchen haben auf solches Bedürfnis nach Anerkennung besonderer

Leistungen reagiert und für Leistungsträger entsprechende Auszeichnungen und Titel geschaffen. Für das Selbstwertgefühl der so Ausgezeichneten ist das sicher sehr gut – aber bei Gott gibt es, wie unser Gleichnis betont, nur eine Lohnstufe. Vor ihm und für ihn sind alle Arbeiter gleich und ist jeder Dienst des gleichen Lohnes wert. Unser Text stellt auch eines sehr klar heraus: Es ist der Weinbergbesitzer selbst, der sich auf den Arbeitsmarkt begibt, um die Arbeiter für seinen Weinberg anzuheuern. Diese Arbeit delegiert er nicht, wie es eigentlich zu erwarten gewesen wäre, an seinen Verwalter. Er behält es sich selbst vor, zu der ihm genehmen Zeit Leute anzusprechen und in seinen Weinberg zu schicken!

Für mich sind diese beiden Punkte gleichermaßen ermutigend und tröstend:

Gott sieht auch die Zeit eines Wartens – bis er es als ‚an der Zeit' findet, jeden von uns persönlich anzunehmen – an als etwas Positives, als etwas, das Sinn macht und das seinen eigenen Wert hat. Eben weil dieses Warten wachsen lässt – in der Hoffnung, in der Geduld, in der Erfahrung und im Durchhaltevermögen. In Gottes Zeitplan, den er mit jedem einzelnen hat, ist eine solche Zeit des Wartens nicht eine sinnlos verbrachte Zeit. Und weil das so ist, brauche ich mich nicht zurückgesetzt oder kleiner zu fühlen gegenüber Menschen, die mit durchaus berechtigtem Stolz von sich sagen oder sagen lassen, dass sie von klein auf Arbeiter im Weinberg des Herrn gewesen sind. Es hat Gott gefallen, sie schon sehr früh zu berufen – und mich zu der Zeit, die er für richtig gehalten hat.

Und zugleich gibt es bei Gott nur ein einziges und für alle gleichwertiges Angenommen werden und keine Verdienstmedaillen für langjährige treue Dienste oder Orden für Spitzenleistungen. Das bedeutet ganz einfach, dass niemand neidisch zu sein braucht gegenüber besonderen Leistungsträgern in Verkündigung, in Evangelisation oder in Diakonie - mögen sie noch so populär sein und öffentlich bewundert werden. Gott sieht und würdigt meinen kleinen Dienst ebenso wie jeden anderen Dienst – und darüber darf ich mich freuen. Dazu lese ich bei Paulus in seinem Brief an die Gemeinde in Philippi: „Denn Gott ist's, der in euch wirkt beides, das Wollen und das Vollbringen, nach seinem Wohlgefallen."

4.3 Schmerzhafte Schnitte am Weinstock

Predigt über Johannes 15,1-8 (Einheitsübersetzung)

„Ich bin der wahre Weinstock und mein Vater ist der Winzer. Jede Rebe an mir, die keine Frucht bringt, schneidet er ab und jede Rebe, die Frucht bringt, reinigt er, damit sie mehr Frucht bringt. Ihr seid schon rein durch das Wort, das ich zu euch gesagt habe. Bleibt in mir, dann bleibe ich in euch. Wie die Rebe aus sich keine Frucht bringen kann, sondern nur, wenn sie am Weinstock bleibt, so könnt auch ihr keine Frucht bringen, wenn ihr nicht in mir bleibt. Ich bin der Weinstock, ihr seid die Reben. Wer in mir bleibt und in wem ich bleibe, der bringt reiche Frucht; denn getrennt von mir könnt ihr nichts vollbringen. Wer nicht in mir bleibt, der wird wie die Rebe weggeworfen und er verdorrt. Man sammelt die Reben, wirft sie ins Feuer und sie verbrennen. Wenn ihr in mir bleibt und wenn meine Worte in euch bleiben, dann bittet um alles, was ihr wollt: Ihr werdet es erhalten. Mein Vater wird dadurch verherrlicht, dass ihr reiche Frucht bringt und meine Jünger werdet."

Von den ‚Ich-bin-Worten' Jesu ist dieser Text in der Bildhaftigkeit seiner Sprache der wohl eindrucksvollste. Und zugleich Zeugnis für die besondere Bedeutung, die Jesus mit ‚Wein' verbindet, wie sie auch im Abendmahl ihren Ausdruck findet. Dabei kann dieser Text bei kritischen Lesern durchaus Unbehagen auslösen: Der Vergleich von Menschen mit Reben, die abgeschnitten und verbrannt werden, mag an mittelalterliche Folter, an Ketzer- und Hexenverbrennungen erinnern. Und mit einem ‚noch mehr Frucht bringen' mögen bestimmte Menschen heute Gedanken an industrielle Landwirtschaft bis hin zu Gentechnologie verbinden. Auch mir hat sich dieser Text erst spät erschlossen – seit ich als Rentner im Sommer und im Herbst mithelfe in den Weingärten guter Freunde und so einschlägige Erfahrungen sammeln konnte. Aber zunächst einige Worte zur Bedeutung von Wein in der Bibel – eine Bedeutung, die sich ganz und gar nicht beschränkt auf den Wein als Getränk.

‚Wein' und alles, was damit zu tun hat – Weingärten, Kelter, Winzer oder Weingärtner – hat in der Bibel und ganz besonders im Alten Testament eine viel weiter reichende Bedeutung. Wenn man alle Stellen auflistet, in denen darauf Bezug genommen wird, dann kommt man auf über 400! Und ‚Wein' ist dann nicht nur als Getränk gemeint: Wein, Weinstöcke und Weingärten stehen für Fülle, für Wohlergehen, für Sicherheit, für Besitz und für langfristige

Zukunftsplanung. Denn ein einmal angelegter Weingarten mit einer Kelter für die Weiterverarbeitung der Weintrauben soll schließlich für mehrere Jahrzehnte oder gar Generationen Frucht tragen. Weinstöcke und Weingärten stehen also für gesicherten Besitz und für damit verbundene Freude am Leben, wenn es etwa bei Jesus Sirach heißt: „Wie ein Lebenswasser ist der Wein für den Menschen, wenn er ihn mäßig trinkt. Was ist das für ein Leben, wenn man keinen Wein hat, der doch von Anfang an zur Freude geschaffen wurde?" Und in dem vom Propheten Jesaja angekündigten ‚Friedensreich' sollen Lanzen zu Winzermessern umgeschmiedet werden.

Diese alttestamentliche Bedeutung von Weingärten als Besitz freier Bauern, in die diese gerne ihre Arbeitskraft investieren und deren Frucht sie genießen, hat sich zur Zeit Jesu gewandelt: In den Evangelien geht es überhaupt nicht mehr um die Freude am eigenen Weingarten. Dort schuften Tagelöhner, die abhängig sind von der Großmut der Besitzer, dort gibt es böse Pächter, die die Pachtzahlung verweigern und schließlich den Sohn des Weinbergbesitzers umbringen, und da wird schließlich selbst die Arbeit im eigenen Weingarten als unangenehme Last empfunden. Wein ist da nur noch ein Getränk für besondere Anlässe wie etwa für Hochzeiten, und für die Tafeln der Reichen. Auch wenn Jesus sagt, dass ihn seine Gegner als ‚Weinsäufer' beschimpfen, so sind es doch nur wenige Stellen, die ihn in direkte Verbindung mit Wein bringen: Das Weinwunder bei der Hochzeit in Kana, das Abschiedsmahl mit seinen Jüngern und der mit Myrrhe versetzte Wein, den man ihm am Kreuz reicht und den er zurückweist. Was also bedeutet dann Jesu ‚Ich-bin-Identifikation' mit einem Weinstock? Will er damit gerade für ländliche, bäuerlich geprägte Zuhörer Zusammenhänge verständlich machen, die anders auszudrücken sehr viel schwieriger und unanschaulicher wäre? Will er mit diesem Bild seine Glaubwürdigkeit unterstreichen bei Zuhörern, die wissen, worauf es ankommt bei der Bearbeitung von Weinstöcken wenn es darum geht, eine gute Ernte zu erzielen? Auf jeden Fall ist es ein auf das Verständnis der Zuhörer ausgerichtetes Bild.

Bei meiner Arbeit in den Weingärten bin ich immer wieder fasziniert davon, wie sehr diese Arbeit in ihren Grundzügen seit der Zeit des Alten Testaments und seit der Zeit Jesu dieselbe geblieben ist – auch wenn Maschinen heute sehr viel Handarbeit ersetzen und wenn der einzelne Weinstock heute sicher einen sehr viel höheren Ertrag liefert als damals. Selbst nach vielen Jahren

Erfahrung bei der Weinlese fasziniert es mich immer wieder aufs Neue, wie sehr ein gut gepflegter Weinstock ein Symbol der Fülle ist, wenn er von unten bis oben große Trauben trägt – ein wundervoller Anblick, den man kaum vermitteln kann, sondern den man erleben muss.

Aber hier lenkt Jesus das Augenmerk nicht auf diese Fülle, sondern setzt andere Schwerpunkte: Zum ersten auf die Aufgabe, die ihm Gott als sein himmlischer Vater zugewiesen hat. Unter dem Bild des Weinstocks erfüllt er seine Aufgabe darin, dass er das lebenspendende Wort Gottes weiterleitet an die Menschen, die es umsetzen und so ‚Frucht bringen' sollen, Dieser Weinstock bildet an seinen Zweigen – hier als Reben bezeichnet – Fruchtansätze aus, die der Winzer sorgfältig beobachtet und deren Wachstum er verfolgt. Damit sind wir schon bei dem zweiten Punkt: Damit der Weinstock reiche Frucht bringen kann, muss er von dem Winzer sehr sorgfältig bearbeitet werden. Wenn es darum geht, eine gute Ernte möglichst vieler und gut ausgebildeter Trauben zu erreichen, dann müssen immer wieder die Zweige/Reben, an denen keine Fruchtansätze sichtbar sind, weggeschnitten werden: Es gilt, den Saft aus der Wurzel nur in die Zweige zu leiten, an denen sich Trauben ausbilden und zu den Blättern, die für die Zuckerbildung in diesen Trauben wichtig sind. Wird diese Schneidearbeit nicht durchgeführt, dann würde der Wildwuchs, der keine Fruchtansätze trägt, bald den ganzen Stock überwuchern und die Trauben könnten sich nicht zu der erhofften Vielzahl, Größe und Qualität entwickeln. Schneiden, schneiden und nochmals schneiden heißt es da – und deshalb gibt es heute spezielle Schneidemaschinen, mit denen in regelmäßigen Zeitabständen aller sprossende Wildwuchs weggeschnitten wird. Solches Wegschneiden gehörte auch schon zur Zeit Jesu zur Alltagsarbeit des Winzers. Man versteht das, wenn man das Bild eines über längere Zeit nicht zurückgeschnittenen Weinstocks vor Augen hat, bei dem der in alle Richtungen wuchernde Wildwuchs die Trauben-Ansätze völlig verdeckt. Wenn der erfahrene Winzer seine Schneidearbeit sachgemäß verrichtet, dann bleibt nur eine begrenzte Zahl von Reben übrig, an denen die Trauben groß und reif werden, während der abgeschnittene Wildwuchs vertrocknet und schließlich als im holzarmen Palästina sehr begehrtes

Brennmaterial dient. Der dritte Punkt, auf den Jesus hinweist, ist die Bedeutung der Verbindung der fruchttragenden Reben mit dem Weinstock, damit der Saft, der aus der Wurzel des Weinstocks kommt, ungehindert zu den Trauben fließen kann, so dass diese sich voll ausbilden und so die reiche Frucht bringen können. Ein sehr überzeugendes Bild für Bedeutung und Weg von Jesu Botschaft, aus deren Hören heraus die Frucht erwächst, die seine Jünger bringen und bringen sollen. „Wer in mir bleibt und in wem ich bleibe, der bringt reiche Frucht; denn getrennt von mir könnt ihr nichts vollbringen."

Doch was können die Einzelheiten dieses Bildes vom Weinstock – mit denen Jesu Zuhörer wohl vertraut waren – uns heute noch an Bedenkenswertem und an Wegweisung vermitteln?

Es tut gut und ist sehr befriedigend, von Wachstum zu predigen und von Frucht bringen, von einer engen Verbindung zu Jesus und von der Erfüllung von Gebeten – was alles in diesem Text auch angesprochen wird. Aber dass Gott in der Rolle des Winzers bei Reben ohne Fruchtansatz das Messer zieht und diese abtrennt von der lebenspendenden Saftversorgung – das passt nicht zusammen mit bei uns sehr verbreiteten Vorstellungen von einem unendlich geduldigen und gnädigen Gott, der alles laufen lässt und der nicht darauf achtet, dass auch sichtbar ‚Frucht' gebracht wird. Nach dem Zeugnis der Heiligen Schrift gibt es aber eben doch auch ein ‚Nein' Gottes und ein ‚zu spät' an die Adresse von Menschen, die ihr Leben lang nicht nach ihm fragten und die nichts von ihm wissen wollten und wollen. Aber ein solches ‚Nein' und ein solches ‚zu spät' – die passen einfach nicht zu weit verbreiteten Vorstellungen unserer Zeit. Das soll nicht wahr sein dürfen, weil es liebgewordenen Vorstellungen widerspricht von einem ‚lieben Gott', der über all unser Tun den Mantel einer alles verzeihenden Liebe decken soll. Eine Predigt, dass es keinen Freifahrtschein gibt in das Reich Gottes und in das von Jesus Christus verheißene neue Leben, die wird als unbequem und ärgerlich empfunden. Eine solche Predigt wird heute ganz schnell als lieblos, als arrogant, als unerträglich und mit einem neuen Schlagwort als ‚fundamentalistisch' angeprangert und zurückgewiesen. Und wenn Christen aussprechen, dass Selbstverwirklichung um jeden Preis und ohne Rücksichtnahme auf andere nicht zusammenpasst mit dem, was Jesus fordert, so wird das als ‚ausgrenzend', als ‚Menschen zurückweisend' und letztlich als ‚peinlich' empfunden. Es darf und soll einfach nicht sein, dass Christen öffentlich darauf hinweisen, dass auch die Liebe Jesu Christi Grenzen setzt.

Wer allerdings darauf bestehen will, dass Gott doch keinen Menschen zurückweisen dürfe, weil er – auch in der Person Jesu Christi – doch die Liebe sei; der muss konsequenterweise dann auch das ‚Ich- bin-Wort' Jesu unseres Textes zurückweisen. Zum Winzer gehört nun einmal, dass er Wildwuchs wegschneidet, damit fruchttragende Reben Luft zum Atmen und Sonne zum Reifen ihrer Frucht bekommen.

Aber kann uns dieser Text aus einer so fernen, vergangenen Zeit und Welt auch noch persönlich etwas sagen?

„Wer in mir bleibt und in wem ich bleibe ..." - das steht für ein lebendiges und sehr persönliches Vertrauensverhältnis: Gott als der Winzer macht sich die Mühe, die Reben, die Fruchtansätze zeigen, zu reinigen, damit sie sich entfalten und Frucht und noch mehr Frucht bringen können: Durch die enge Verbindung mit Jesus Christus und genährt durch seine Botschaft. Als persönliche Lebenserfahrung habe ich es immer wieder erlebt, dass ich erst im Nachhinein verstehen konnte, welchen Weg ich geführt wurde hin zu einem Verständnis dafür, wie mir Gott in seiner Liebe nachgegangen ist in liebevoller Fürsorge. Und das beinhaltete oft ein Nebeneinander guter und bitterer Erfahrungen, durch die ich reifer geworden bin: im Bild unseres Textes ‚gereinigt', damit ich mehr Frucht bringen konnte. ‚Gereinigt werden' kann schon sehr schmerzhaft sein, wenn festgebackene Schmutzschichten, wenn eingefahrene, schlechte Angewohnheiten oder Narben entfernt werden müssen – aber nur so kann schließlich der Weg freigemacht werden zu neuen Wachstumsschüben. Zusammengefasst klingt dies abstrakt und theoretisch – aber um es mit Leben zu füllen, müsste ich jetzt erzählen von Weichenstellungen in meinem Leben, bei denen mich Gott manchmal recht schmerzhaft in die richtige Richtung gestoßen hat und von Irrwegen, von denen er mich zurückgeholt hat.

Aber was ich, was vielleicht auch der eine oder andere von Ihnen berichten könnte an solchen Erfahrungen eines ‚geführt worden sein' und eines ‚gereinigt worden sein': das sind doch nur Berichte aus der Vergangenheit. Ich weiß nicht, was Gott noch mit mir vorhat und ob und in welcher Weise er mich noch mehr Frucht bringen lassen will. Ich weiß nur, dass es ihm um ein persönliches Verhältnis zu mir geht, wozu dann eben auch gehört, dass ich alle Möglichkeiten nutze, die er mir gibt, seine Botschaft weiterzugeben – ob nun durch Predigt oder auf andere Weise. Dass er es sich vorbehält, Reben,

an denen er keine Fruchtansätze wahrnimmt, abzuschneiden – das kann dann nicht meine Sorge und mein Problem sein. Um es mit den Worten eines Paul-Gerhardt-Liedes zu sagen: ‚Bist du doch nicht Regente, der alles führen soll: Gott sitzt im Regimente und führet alles wohl.'
Allerdings – wenn Jesus zu seinen Jüngern sagt „Ihr seid schon rein durch das Wort, das ich zu euch gesagt habe ...“, dann müssen Christen heute fragen, ob diese Zusage in dieser Allgemeinheit wirklich auf alle zutrifft, die sich als Christen bezeichnen, weil sie irgendwann einmal getauft worden sind und bei besonderen Anlässen auch einmal den Weg in einen Gottesdienst finden. Wenn Gott als Winzer auch schmerzhafte Schnitte durchführt und mit dem Verbrennen fruchtloser Rebenzweige auch ein endgültiges ‚Nein' sagt, dann kommen da mancherlei Fragen auf. Fragen, die zu sehr unterschiedlichen Antworten geführt haben und immer noch führen. Aber schon Jesu Wort „Nicht jeder, der zu mir sagt: Herr! Herr!, wird in das Himmelreich kommen, sondern nur, wer den Willen meines Vaters im Himmel erfüllt“, macht deutlich, dass eine formale Berufung auf ein ‚Aber ich gehöre doch zu einer christlichen Kirche!' noch lange keinen Garantieschein für eine Aufnahme in Gottes Reich bedeutet. Ein für manche sicher gar nicht angenehm klingendes „... Wer den Willen meines Vaters im Himmel erfüllt“ vervollständigt das „Ihr seid schon rein durch das Wort, dass ich euch gesagt habe“ zu einer Art Aufnahmebedingung.

Jesu Selbstzeugnis „Ich bin der Weinstock und mein Vater der Winzer“ und die Beschreibung seiner Jünger als 'Reben, die Frucht und viel Frucht bringen sollen' mag für Christen, für die der Umgang mit Weinstöcken etwas Fremdes geworden ist, heute schwer zugänglich sein. Und muss deshalb in seiner Zielsetzung erklärt werden. In ihrer vollen Bedeutung und mit ihren Konsequenzen ist Jesu Botschaft Provokation und ärgerlich für manche Christen – und erst recht für Nichtchristen, die in ihr eine Herausforderung sehen, mit der sie sich nicht abfinden wollen und die sie deshalb weghaben möchten. Dass die Botschaft von Jesus als Ärgernis empfunden und bekämpft wird, das haben schon ihre ersten Verkündiger erfahren. Daran hat sich seither nichts geändert, und daran wird sich auch in Zukunft nichts ändern. Und es bleibt die Herausforderung für die Nachfolger Jesu, seine Worte so auszulegen, dass Menschen unserer und späterer Zeit daraus Wegweisung, Trost und Zuversicht erfahren können.

4.4 Jesus schenkt nicht nur Leben, sondern auch volle Genüge

Johannes 10,10: „... damit sie das Leben und volle Genüge haben sollen"

Immer wieder wird in der Bibel das Bild des ‚Guten Hirten' angesprochen. Im Alten Testament etwa im Psalm 23: „Der Herr ist mein Hirte, mir wird nichts mangeln ...", der sich vielen Christen eingeprägt hat, und im Neuen Testament das 10. Kapitel des Johannes-Evangeliums, in dem sich Jesus als der ‚Gute Hirte' vorstellt. Als 'Guter Hirte', der die ihm anvertrauten Schafe mit allem versorgt, was sie brauchen und der für sie mit dem Einsatz seines Lebens eintritt. Er kennt sie, und sie folgen ihm – und sie wissen, dass er zugleich der Zugang zu dem Stall ist, in dem sie Geborgenheit und Frieden finden. Aus diesem Kapitel ist Vers 10 Predigttext.

‚Ich bin gekommen, damit sie das Leben und volle Genüge haben sollen' – eine der vielen Aussagen, in denen Jesus gerade im Evangelium des Johannes sein Selbstverständnis und den Sinn seines ‚gekommen Seins' erklärt. Und das ‚damit sie das Leben haben sollen' gehört zusammen mit dem, was er im 14.Kapitel desselben Evangeliums sagt: ‚Ich bin der Weg und die Wahrheit und das Leben; niemand kommt zum Vater denn durch mich.'

‚Ich bin gekommen, dass sie das Leben haben ...' – eine Aussage Jesu, die für Christen keiner weiteren Erklärung bedarf: Wir sehen in Jesus den, der unser Leben ist, der in seinem Gekommensein Mitte, Zielsetzung und Hoffnung christlichen Lebens verkörpert. Für uns als Christen ist Leben Geschenk Gottes, hat als solches seinen unverfügbaren Wert und hat durch Jesus Christus Ziel und Hoffnung auf Vollendung bekommen. ‚Christus, der ist mein Leben und Sterben mein Gewinn' so formuliert es der Dichter eines Liedes in unserm Gesangbuch und nimmt damit auf, was Paulus im Philipperbrief schreibt: „... ich habe Lust, aus der Welt zu scheiden und bei Christus zu sein, was auch viel besser wäre; aber es ist nötiger, im Fleisch zu bleiben, um euretwillen."

‚Ich bin gekommen, dass sie das Leben haben ...' – Zuspruch und Trost für bedrängte und in ihrem Glauben angefochtene Christen: für die Adressaten des Johannes-Evangeliums in den sog. ‚johannäischen Gemeinden' vor fast 2000 Jahren ebenso wie für Christen heute und besonders da, wo sie verfolgt, wo ihre Kirchen niedergebrannt und ihre Pfarrer ermordet werden. Zuspruch und Trost, dass es über dieses biologische Leben hinaus noch ein anderes

Leben gibt, das uns erwartet, wenn unsere Zeit hier abgelaufen ist – Leben, das hier schon beginnt und das uns dann über den Abschied aus dieser Welt hinaus mitnimmt und trägt in eine andere ...

Aber Jesus würde sich nicht als ‚der gute Hirte' bezeichnen, wenn nicht noch der Zusatz käme: „... dass sie volle Genüge haben sollen."

Ein Zusatz, der das aufnimmt, was Psalm 23 über den Herrn als guten Hirten und seine liebevolle Fürsorge für den ihm vertrauenden Menschen sagt: „Er weidet mich auf einer grünen Aue und führet mich zu frischem Wasser ..." und „Du bereitest vor mir einen Tisch im Angesicht meiner Feinde ..."

Ein solches ‚volle Genüge haben' hat dann allerdings eine sehr unterschiedliche Bedeutung für Christen und für Nicht-Christen, für Nicht-mehr-Christen und dann wohl auch für Gerade-noch-Christen:

Für die zweite Gruppe wäre es wohl gleichbedeutend mit einer Erfüllung von Ansprüchen, von denen jeder vernünftig und ethisch wohlbegründet klingt. Sie alle scheinen mit christlichem Glauben nichts zu tun zu haben – wobei aber bewusst oder unbewusst darüber hinweggegangen wird, dass fast alle ihre Grundlage in christlicher Ethik haben. Das gilt für die ‚Menschenrechte' ebenso wie für weitere Rechte, die in immer größerem Umfang proklamiert werden, wie Recht auf Arbeit, auf Bildung, auf freie Wahl der Religion bis hin zu einem in der Verfassung der Vereinigten Staaten fixierten ‚Recht auf Streben nach Glück'. dem wir ein in unserm Land immer wieder eingefordertes ‚Recht auf Selbstverwirklichung' an die Seite stellen können.

Solches einfordern von angeblichen ‚Rechten' und dann von Forderungen nach ihrer rechtlichen Absicherung begegnet uns heute auf Schritt und Tritt – gerade im Zusammenhang mit Wahlversprechen. Ob die Menschen in unserem Land wirklich glücklicher wären und volle Genüge haben würden, wenn alle derartigen Forderungen verwirklicht würden? Aber was dann, wenn die Forderungen und Ansprüche der einen mit Forderungen und Ansprüchen anderer kollidieren und nicht in Einklang gebracht werden können?

Aber wie sieht ein ‚volles Genüge haben' wohl für Christen aus? Zumindest für solche, die darunter mehr oder anderes verstehen wollen als die Mitglieder der eben genannten zweiten Gruppe?

In der Bibel versteht sich dieses ‚volle Genüge haben' durchaus unterschiedlich von den zeitlich ältesten Texten des Alten Testaments bis zu den jüngsten des Neuen. In den ersteren finden wir häufig die Vorstellung, dass Gottes Zuwendung und Gottes Segen einhergeht mit äußerem Reichtum und Wohlergehen: bei Hiob, bei David und Salomo und bei einer Reihe von ‚Leuten aus dem zweiten Glied'. Vorstellungen, die sich auch bei den Verfassern der Weisheitsbücher und in einer Reihe von Psalmen finden. Sichtbarer Segen Gottes in Form großer Viehherden und vieler Kinder, in überreichen Ernten und in einem Leben in Frieden und Sicherheit.

Aber in anderen Psalmen und in Geschichten von Gottesmännern und Propheten wird z. T. geradezu dramatisch darauf hingewiesen, dass entgegen allem äußeren Anschein auch Schwache, Verfolgte und in ihrem Glauben angefochtene ‚volle Genüge haben' können. Und ‚Leben und volle Genüge haben' auch gegen allen äußeren Eindruck wird dann im Neuen Testament bei Jesus in seiner Zuwendung zu den Armen sowie den Randsiedlern und Ausgegrenzten der damaligen Gesellschaft zentrales Anliegen.

‚Volle Genüge haben' heißt also schon für die Glaubenden im Alten Israel, aber erst recht für die Glaubenden zur Zeit Jesu, dass Gott es gut meint auch dann, wenn äußere Umstände bedrückend sind, wenn zu Armut und Bedrängnis und Isolation auch noch äußere Verfolgungen kommen mögen. Selbst unter solchen Bedrohungen und in Lebensgefahr kann ein auf Gott vertrauender volle Genüge haben, weil er sich in Gottes Fürsorge und Liebe geborgen weiß. Solches sich geborgen wissen war sicher lebensnotwendig für die Gemeinden der sog. ‚Johannäischen Kirche', für die das Evangelium des Johannes geschrieben wurde. Gemeinden, die sich in einer ihnen feindlich gegenüberstehenden Umwelt behaupten mussten und sich nicht aufgeben wollten in allen Anfechtungen und auch angesichts innerer Konflikte.

In deutschen Gemeinden kennen wir heute Situationen äußerer Bedrohung nicht. Und wir können ‚volles Genüge' finden darin, dass wir jener Mahnung des Paulus folgen: „So ermahne ich nun, dass man vor allen Dingen tue Bitte, Gebet, Fürbitte und Danksagung ... damit wir ein ruhiges und stilles Leben führen können in aller Frömmigkeit und Ehrbarkeit." Aber in zunehmendem Maße zeigen uns Berichte von den eskalierenden Christenverfolgungen in Indien, in den Ländern der islamischen Welt und anderswo, dass ein ‚volles Genüge haben' in einem ruhigen und stillen Leben für christliche Gemeinden gar nicht länger selbstverständlich ist.

Aber Bedrohungen dieser Art sind nicht die einzigen, die in der Zukunft auf

Christen und Noch-Christen auch in vorwiegend ‚christlichen' Ländern zukommen werden. Gerade für Christen., die sich als ‚Macher' und ‚Zukunftsgestalter' verstehen, wächst die Versuchung, nachhelfen zu wollen und dort einzugreifen und Dinge selbst in die Hand zu nehmen, wo sie die Hoffnung auf Jesus und seine Zusage aufgeben.

Kurz hintereinander war ich einmal auf zwei Tagungen Ev. Akademien, wo es um eine mittelfristige Neuordnung der Energieversorgung, aber langfristig auch darum ging, wie denn in 50-100 Jahren bei einer bis dahin möglicherweise verdoppelten Weltbevölkerung und bei schwindenden Ressourcen für die dann lebenden Menschen ‚Leben und volle Genüge haben' aussehen könnte. Angesichts von Ängsten vor einer Überfüllung der Erde, vor drohenden Verteilungskämpfen und vor menschengemachten Klimaveränderungen diskutierten Langzeitplaner und Zukunftsstrategen oft sehr kontrovers und erbittert darüber, ob und wie die Verheißung unseres Textes auch unter so düsteren Erwartungen aufrecht erhalten werden könnte

Ich habe mit vielen Teilnehmern gesprochen und im Plenum mitdiskutiert – und empfand wieder jenes eigenartige Gefühl, wenn bei Tagungen an sich ‚evangelisch' nennenden Akademien Gott und Jesus Christus ausschließlich in der Morgenandacht zugelassen sind und sonst überhaupt nicht erwähnt werden. Für den Gedanken, dass es über all den Planungen und Strategien und Aktionsprogrammen ja auch einen Gott als Schöpfer gibt, der Herr seiner Schöpfung ist und sie in liebevoller Fürsorge nicht aus der Hand geben will, ist da einfach kein Platz und Jesu Wort ‚Ich bin gekommen, damit sie Leben und volle Genüge haben', wird dann auf das biologische Überleben und auf das Versorgtwerden mit dem Lebensnotwendigsten reduziert: dies trauen die Zukunftsplaner und Überlebensstrategen ihrer eigenen Kraft, der menschlichen Vernunft, dem Wirken der Umweltverbände und erforderlichenfalls sogar einer Art ‚Weltregierung' zu. Auch wenn sehr viel davon geredet und gefordert wird, dass Menschen zu einer sorgfältigeren Wahrnehmung der Umwelt und zum Verzicht auf Konsum umerzogen und neu ausgerichtet werden müssen: von Jesu Botschaft einer Liebe Gottes, die bei denen, die an ihn glauben, Ausdruck finden soll in ihrer Liebe zu den nahen und fernen Nächsten wird nicht gesprochen. ‚Selbst-Entchristlichung' christlicher Kirche – und es ist schon bedrückend zu erleben, wie die Zusage unseres Textes dann zu einem politischen Programm verkürzt wird, das gerade christliche ‚Macher' durchziehen wollen im Vertrauen auf eigene Klugheit, eigene Kompetenz und eigenes ‚das werden wir schon hinbekommen!'

Unabhängig von solchen Abschweifungen gibt es eine Anfrage an unseren Text: „Können Christen ein solches ‚volle Genüge haben' nach ihren Maßstäben einfordern oder gar durch intensives Gebet herbeizwingen?

Das Neue Testament zeigt, dass dem nicht so ist. Im 2. Brief an die Korinther schreibt der Apostel Paulus von seiner schweren Krankheit, die ihm immer wieder zu schaffen macht und von seinem inständigen Gebet zu Gott, diese Krankheit von ihm zu nehmen. Gebete, die nicht erhört wurden und auf die er als Antwort bekam: „Lass dir an meiner Gnade genügen; denn meine Kraft ist in den Schwachen mächtig." Gott in Jesus Christus behält sich vor zu bestimmen, was für den einzelnen Christen ‚Leben und volle Genüge haben' bedeutet und wie es sich manifestieren soll. Und es liegt bei ihm, Gebete zu erhören – oder die Antwort zu geben, die Paulus erhielt. Solches Versagen von Gebetserhörung kann durchaus Anfechtung des Glaubens werden – und schließlich beklagte schon vor etwa 2500 Jahren ein Psalmdichter eine Anfechtung seines Glaubens, die darin lag dass es den ‚Gottlosen' gut und sehr gut ging, während er selbst in Leid und Elend versackte.

Als sprachliche Neuschöpfung gibt es das ausdrucksstarke Bild vom ‚gelingenden Leben' – ein Bild, das durchaus zu Vorstellungen passt, wie sie Christen mit Jesu Zusage von ‚Leben und volle Genüge haben' verbinden. ‚Volle Genüge haben' steht schließlich auch für Christen für das Erreichen selbstgesteckter Ziele, für Zufriedenheit in Beruf und sozialem Umfeld, für ein Gelingen eigener Lebensplanungen und für die Hoffnung, dass sich Gottes gute Führung im eigenen Leben sichtbar zeigen möge. ‚Gelingendes Leben' ist eben solches, in dem wir nach unseren Erwartungen ‚volle Genüge haben'.

Aber was ist nun, wenn Leben nach unseren Maßstäben und Erwartungen ‚nicht gelingt', sondern wenn es nach unseren Vorstellungen scheitert? Wenn dann nur ein Scherbenhaufen übrig bleibt mit Rückzug in Resignation, Verbitterung und Hass auf solche, von denen der Betroffene und dann auch wir selbst meinen, dass sie ‚auf der Sonnenseite des Lebens' oder gar in Gottes besonderer Gunst stehen? Plötzlich hereinbrechende Krankheit, ein Unfall mit folgendem Siechtum, Arbeitslosigkeit, Scheitern einer Partnerschaft, an die hohe Erwartungen gestellt wurden, der Bruch mit Kindern, in deren

Erziehung viel Liebe und Fürsorge investiert wurde – es gibt viele Weichenstellungen, die die eben genannten Reaktionen auslösen können. Und die dann den Betroffenen selbst und oft auch die, die sich um ihn Gedanken und Sorgen machen, fragen lassen, ob die Verheißung unseres Textes ihre Kraft verloren hat oder für ihn nicht länger gilt.

Hier, meine ich, wird das Vorbild von Paulus ganz wichtig: „Lass dir an meiner Gnade genügen, denn meine Kraft ist in den Schwachen mächtig!" Aber hier muss noch eine Frage ergänzend hinzukommen: Sind die Maßstäbe, die wir anlegen und mit denen wir glauben beurteilen zu können, ob und inwieweit Leben gelingt, denn nun wirklich die richtigen oder gar 'die letztgültigen'

Dürfen wir nicht darauf hoffen und uns sogar daran freuen, dass Jesus ganz andere Maßstäbe dafür hat, wie er ‚gelingendes' oder ‚gelungenes' Leben bewertet? Nach den Berichten der Evangelien hat Jesus selbst immer wieder gegen Maßstäbe verstoßen, die seine frommen und ernsthaft nach Gottes Willen fragenden Zeitgenossen benutzten, um in ihren Augen ‚gelingendes Leben' zu definieren. Und damit drängt sich die Frage auf: Ist denn ein in unsern Augen und nach unseren Maßstäben gelingendes oder gelungenes Leben – ob es nun friedlich und ohne dramatische Höhepunkte verläuft oder ob es durch Höhen und Tiefen gegangen ist und geht – wirklich auch für Jesus ‚gelungenes Leben'? Oder kann jenes ‚die Letzten werden die Ersten sein', das wir immer wieder in Jesu Verkündigung finden, nicht auch bei der Bewertung eines Lebens bei Jesus Maßstab sein? Ich sehe hier einen zentralen Aspekt dieser Aussage vom ‚Leben und volle Genüge haben' als Verheißung, Trost und Ausdruck liebevoller Zuwendung: Es ist Jesus allein, der entscheidet, welches Leben gelungen und welches gescheitert ist – und der dies bestimmt nicht nach den Maßstäben tut, die wir anlegen.

Ich bin dankbar, dass er meine eigene Lebensplanung nicht so hat laufen lassen, wie ich es mir einmal vorgestellt habe, sondern ganz anders und zu ihm hin, so dass ich von einer sichtbaren Führung in meinem Leben sprechen kann. Und so kann ich es verstehen und mich daran freuen, wenn er es auch bei anderen tut.

Und mit solchen Perspektiven sollten wir unseren Text als Verheißung und Bestätigung der liebevollen Fürsorge Jesu lesen: Für uns selbst als Zusage, wie er sie Paulus gegeben hat – und im Wissen darum, dass Jesus andere und bessere Maßstäbe hat als wir.

4.5 Sacharja revolutioniert die Vorstellung vom kommenden Messias

Predigt über Sacharja 9,9-10
Hinweis auf den Einzug Jesu in Jerusalem

Palmsonntag 2011 – weltweit bestimmt die Hoffnung auf Frieden das Denken von Christen und Nichtchristen. In Afghanistan kämpfen und sterben Soldaten aus vielen Ländern, um ein christenfeindliches und korruptes Regime am Leben zu halten. Afrika ist ebenso ein Pulverfass wie der Nahe Osten – und wenn irgendwo ein Bürgerkrieg zu Ende geht, flammt anderswo ein neuer auf. Und so wird weltweit um Frieden gebetet, wird gerade zu Ostern für Frieden demonstriert, und wird darüber diskutiert, wie Frieden geschaffen werden könnte mit oder ohne Einsatz militärischer Gewalt. Aber parallel dazu und noch ehe letzte Gefechte vorbei sind, beginnt der Streit, wie denn ein solcher Frieden aussehen soll und wie stabil er sein kann.
Auf jeden Fall ist jeder mit Blutvergießen erkämpfte Frieden ein anderer Frieden als der, den Jesus seinen Jüngern im 14. Kapitel des Johannesevangeliums verheißen hat: *„Auch wenn ich nicht bei euch bleibe, sollt ihr doch Frieden haben. Es ist mein Friede, den ich euch gebe; ein Friede, den sonst keiner geben kann. Seid deshalb ohne Sorge und Furcht!"*
Auch jener erste Palmsonntag, an dem Jesus in Jerusalem einzog, stand im Zeichen des Friedens: Im Matthäus-Evangelium etwa wird im 21. Kapitel in den Versen 1–11 berichtet wie Jesus als Friedensbringer in eine Stadt kam, in der die Atmosphäre zum Schneiden gespannt war zwischen den Massen von Festbesuchern, einer ihre Macht verteidigenden jüdischen Obrigkeit und einer kleinen römischen Garnison, die die Besatzungsmacht repräsentierte. Und der Vertreter dieser Besatzungsmacht fühlte sich wie auf einem Pulverfass. Wenn wir heute die Fernsehbilder und -berichte aus den Städten des Nahen Osten empfangen, dann können wir fragen, wie viel sich dort eigentlich geändert hat in 2000 Jahren – außer dass die Technik, einander umzubringen, perfektioniert worden ist.

Wenn wir heute Palmsonntag feiern, dann ist die Frage aktuell, wie wir seine Bedeutung für uns Menschen nahebringen können, die nicht in christlicher Tradition aufgewachsen sind oder ihr völlig fremd gegenüberstehen. Wie können wir das Geschehen dieses scheinbar so triumphalen Einzugs Jesu in Jerusalem Menschen unserer Zeit begreifbar machen und wie sollen wir es ihnen vermitteln in Vergleichen, mit denen sie etwas anfangen können? Irgendwo zwischen ‚Marsch für Jesus', ‚Friedens-Demo', dem umjubelten Einzug siegreicher Sportler oder Fußballmannschaften, Fest-Umzug oder wo sonst?

Und was sagt uns heute der Bezug auf einen Sacharja-Text, der in der Liturgie des Kirchenjahres gleich zweimal herangezogen wird: Zu Beginn der Adventszeit und zu Beginn der Karwoche? Ein Text, der modernen Zuhörern so unverständlich erscheinen muss, dass Prediger in der Regel erst das Umfeld erklären und Übersetzungsarbeit leisten müssen?

„Du, Tochter Zion, freue dich sehr, und du, Tochter Jerusalem, jauchze! Siehe, dein König kommt zu dir, ein Gerechter und ein Helfer, arm und reitet auf einem Esel, auf einem Fohlen der Eselin."

Eine sehr berechtigte Frage: Warum gehen alle 4 Evangelien so intensiv auf das Geschehen dieses Palmsonntags ein und schmücken ihre Berichte über den Einzug Jesu in Jerusalem mit einer Fülle von Einzelheiten aus, die wir in anderen Geschichten um Jesus vermissen. Was hat für die Christen der ersten Jahrzehnte, in denen die Evangelien verfasst wurden, diese Geschichte so unendlich wichtig gemacht?

Eine Frage, auf die ich kurz eingehen möchte, ehe ich dem nachgehe, was uns die Botschaft des Palmsonntags heute bedeuten kann.

Für die Christen der ersten Jahrzehnte war dieses Geschehen unter Bezugnahme auf den Sacharja-Text von ganz großer Bedeutung – gerade angesichts der Tatsache, dass ihnen ihre jüdische Umgebung zunehmend feindlich gegenübertrat und sie als Ketzer und Sektierer bekämpfte. Dieser Text eröffnet in der Zeit seiner Entstehung – die irgendwo zwischen 500 und 300 v. Chr. angesetzt wird – eine ganz neue Dimension, ja er ist geradezu revolutionär. Denn unter dem Volk Israel wurde in jener Zeit die Erinnerung an die Glanzzeiten jüdischer Macht unter David und Salomo mit wachsendem zeitlichem Abstand immer weiter verklärt. Und je jämmerlicher der aktuelle Zustand des jüdischen Gemeinwesens war und je bedrückender die Herrschaft der Römer empfunden wurde, umso mehr

wuchsen die Hoffnungen auf das Kommen eines machtvollen Messias ‚aus dem Hause und Geschlechte Davids'. Eines Messias, der Israel von aller Fremdherrschaft befreien und ein Großreich in gesicherten Grenzen etablieren sollte. Und ein solcher Messias – nach allgemein gängigen Vorstellungen hätte der natürlich an der Spitze einer mächtigen Armee in Jerusalem einziehen müssen: mit unübersehbaren Reihen von Streitwagen als den Panzern der damaligen Zeit und dem dröhnenden Marschtritt von endlosen Kolonnen von Soldaten im Gefolge. So, wie man es von römischen Triumphzügen gehört hatte. Sacharja artikuliert hier ein klares „Nein, so nicht! – Hier muss Schluss sein mit militärischer Machtentfaltung." Und so war dieser friedliche und von den Menschen umjubelte Einzug Jesu in Jerusalem für die Christen ein Beweis dafür, dass er der von Sacharja verheißene Messias war und ist – und gerade deshalb diese Betonung von Einzelheiten, die geradezu übertrieben anmuten mag. „Ja, dieser Jesus ist der Messias und der von uns erwartete Messias – und er kommt nicht als mächtiger Feldherr, sondern als der verheißene Friedensbringer!"
So weit, so gut – und soviel der Geschichte.

Aber was soll uns heute diese verklärende Beschreibung? Wir haben es doch nicht mehr nötig, mit Juden zu streiten über „Jesus als den verheißenen Messias" – so wie es für die Verfasser der Evangelien eine Notwendigkeit war: Für uns verbinden sich doch mit diesem Bericht eher geschichtliche Erfahrungen mit der Manipulierbarkeit und Wankelmütigkeit aufgeputschter Volksmassen Und ein ‚Heute Hosianna rufen und morgen ans Kreuz mit ihm schreien!' – das ist doch geradezu sprichwörtlich geworden. Das sind doch nun einmal sich immer wiederholende Erfahrungen in der Politik, im bezahlten Sport, im Kulturbetrieb und anderswo. So äußern sich enttäuschte Erwartungen und Hoffnungen wetterwendischer Volksmassen – als permanenter Druck und Drohung z.B. für Politiker, die zuallererst ihre Wiederwahl im Auge haben und deshalb ängstlich auf die jeweils letzte Meinungsumfrage schielen. Hier kann doch nicht die Bedeutung der Palmsonntagsbotschaft für unsere Zeit liegen!

Ich sehe diese Bedeutung in zwei anderen Zusammenhängen: Als eine besondere Versuchung Jesu und in einer Verbindung mit der Geschichte der beiden Jünger auf dem Wege nach Emmaus.

Der Einzug in Jerusalem als Versuchung Jesu: Die Stadt gärt, Unruhe liegt in der Luft, Widerstandskämpfer bereiten Attentate und Überfälle vor, die römischen Truppen sind in höchster Alarmbereitschaft unter einem verängstigten Statthalter, der um jeden Preis Ruhe und Frieden haben will. Und da kommt nun dieser Jesus, der das Wort ‚Frieden' auf seine Fahne geschrieben hat. Der ein Friedensbringer sein will und damit allen Widerstandskampfern ein Dorn im Auge ist: Frieden schaffen ohne Waffen! Ein solcher Friedensbringer Jesus an der Spitze einer großen Volksbewegung wäre dem Statthalter Pontius Pilatus sicher höchst willkommen gewesen. Wir haben es ja erlebt und erleben es immer wieder, wie das Wort ‚Frieden' für Politiker eine geradezu magisch-beschwörende Bedeutung bekommen kann – auch wenn das, was sie damit verbinden, alles andere als ehrenhaft sein mag. Für Jesus muss es schon eine besondere Versuchung gewesen sein, nicht nur als ‚Friedefürst' und im Sinne einer Erfüllung der Prophezeiung Sacharjas einzuziehen, sondern dann auch einen dauerhaften Frieden zu schaffen. „Selig sind die Friedensstifter" oder gar „die Friedensmacher" hat er ja selber verkündigt. Und wie schwer ist es ihm da wohl gefallen, eben einen anderen Frieden bringen und verkünden zu müssen als den, den die Massen seines Volkes von ihm erwarteten! Sich als ‚Friedensbringer' feiern zu lassen, das beinhaltet eine große Versuchung – und die Geschichte hat Beispiele genug dafür parat: Schon der Kaiser Augustus hat sich als ‚Friedensbringer' feiern lassen – und jeder Herrscher und jeder Diktator wollte es ihm gleich tun, auch in Deutschland. Jesus widersteht dieser Versuchung – und in seiner Nachfolge sollten auch wir überlegen, was für eine Art von Frieden wir anstreben. Jesus spricht von Frieden und Gerechtigkeit, die vor Gott gelten – und die mehr und von anderer Qualität sind als ein Schweigen der Waffen, ein diplomatisch ausgehandelter Interessenausgleich oder ein goldenes Zeitalter des Wohlstandes. Er ist unser Friede – und er will unser Friede sein.

Und der Bezug zu den Jüngern auf dem Wege nach Emmaus? Da ziehen zwei zutiefst enttäuscht und deprimiert aus Jerusalem in ihr Heimatdorf. „Wir aber hielten ihn für den Messias, der da kommen sollte ..." erzählen sie jenem Begleiter, der sie nach dem Grund ihrer Niedergeschlagenheit fragt. Wir dürfen wohl annehmen, dass die beiden bei dem Einzug Jesu mitgelaufen sind, mitgejubelt haben – aber dieser kurze Blick in eine neue Welt voller Hoffnung, der sich vor ihnen auftat, der ist weg und an seine Stelle ist bittere Enttäuschung getreten.

Ist uns ein derartiges ‚Auf und Ab' so fremd? Kennen nicht auch wir die Begeisterung von großen Ereignissen, bei denen so viele Gleichgesinnte zusammengekommen sind und bei denen wir uns richtig ‚unter Geschwistern' und ‚wie in einer großen Familie' fühlen konnten? Wo wir so richtig Zuversicht auftanken konnten und das Gefühl, dass wir eigentlich doch ‚viele' sind und kein verlorener Haufen? Auf vier aufeinanderfolgenden Kirchentagen habe ich solche Begeisterung erlebt, wenn sich Tausende in überfüllten Hallen drängten und die Massen an gleichgesinnten Christen kurzfristig einer Stadt ihr Gepräge gaben. Christen, die alle ‚Begeisterung' mitnahmen – Begeisterung, die der Alltag mit seinem ‚grau in grau' und seinen Anflügen von Resignation dann mehr oder weniger schnell dahinschwinden ließ.

Diese Erinnerung an grenzenlose Begeisterung und an den darauffolgenden Sturz in die Verzweiflung bestimmt das Denken dieser beiden Jünger, als sie dem fremden Weggefährten ihre Enttäuschung klagen. Sicher sehr viel ausführlicher, als es uns die Evangelisten Markus und Lukas berichten – denn wenn sich auf einem so langen Wege einmal die Schleusen der Beredsamkeit öffnen, dann gibt es viele Einzelheiten, die wieder ins Gedächtnis zurückkommen. Und dabei erleben sie dann ganz unbewusst echte Seelsorge, als ihr Weggefährte ihnen Zusammenhänge aus der Heiligen Schrift aufzuzeigen beginnt und sie behutsam dahin führt, zu verstehen, warum der von ihnen erwartete Messias eben so handeln und warum er diesen Tod auf sich nehmen musste. So wird ihnen aus erster Hand die Spannung zwischen Palmsonntag und Karfreitag verständlich gemacht – und sie wird aufgelöst in der Erfahrung, dass es der Auferstandene selbst ist, der sich ihnen hier zugewandt hat. Das Spannungsfeld Palmsonntag – Karfreitag – Ostern: In der Geschichte der Emmaus-Jünger hat Lukas hier eine überzeugende Auflösung gegeben.

Mit diesen beiden Verknüpfungen können wir der Bedeutung des Palmsonntags für uns und unsere Verkündigung näher kommen und sie vielleicht auch anderen Menschen näher bringen oder gar verständlich machen.

Der Einzug Jesu in Jerusalem ist für die, die hinter ihm herlaufen und ihm zujubeln, Ausdruck eines verzweifelten Suchens, von Hoffnungen und Erwartungen in der euphorischen Gewissheit, „jetzt“ auf den richtigen Mann zu setzen, dabei zu sein und Anteil zu haben daran, wenn jetzt alles ‚besser‘ wird, da Prophezeiungen von ‚einem goldenen Zeitalter‘ vor ihrer Erfüllung stehen. Und für diese Hinterherläufer liegen dann Abwendung und Hass nahe, wenn der so mit Vorschusslorbeeren überschüttete ihre Erwartungen nicht erfüllt: Dann ist ein „Kreuzige ihn!“ schnell bei der Hand! Nur ein kleiner Abschweif: Denken Sie einmal an das ‚Trainerkarussel‘ bei Fußballvereinen!

Und für Jesus? Er kennt seinen Weg – und er weiß nicht nur um die Prophezeiung des Sacharja, sondern auch um die des Jesaja vom leidenden Gottesknecht, mit dem er sich identifiziert. Er ist bereit, seinen Weg bis zum Ende zu gehen – und er hat einen ganz anderen Frieden im Sinn als den von den jubelnden Massen ersehnten und gewollten. „Mein Königtum ist nicht von dieser Welt“, sagt Jesus wenige Tage später dem römischen Stadthalter. „Wenn es das wäre, dann könnte ich mit meinen Leuten ebenso agieren, wie es die Militärs und Machthaber dieser Welt tun und respektieren.“

Und damit sind wir im ‚Hier und Heute' des Jahres 2011. Bei durchaus unterschiedlichen Vorstellungen von Frieden, über die sich auch Christen immer wieder und gelegentlich recht erbittert streiten. „Ich gebe euch Frieden, meinen Frieden – das ist anders, als wenn die Welt Frieden gibt“. Dieses Wort Jesu müssen Christen immer wieder neu buchstabieren lernen, auch und gerade in unseren Tagen. Und zusammen mit dem anschließenden „Euer Herz soll nicht wankend werden und nicht verzagen“ fassen Jesu Worte das zusammen, was unsichtbar über dem Palmsonntagsgeschehen steht und was uns hilft, es für uns selbst zu entdecken und dann auch anderen nahezubringen. Auch der Einzug in Jerusalem gehört zum Heilsplan Gottes, der zunächst dem jüdischen Volk gilt und angeboten wird. Erst als dieses Angebot nicht angenommen wird, wird der schon im Alten Testament gegebene Hinweis wirksam, dass die Völker ‚der ganzen Welt‘ kommen und Gott die Ehre geben werden –

einem Gott, der sich in Jesus aufgemacht hat zu den Menschen, denen seine Liebe gilt.

Jeder von uns verbindet mit seinem Glauben an Jesus Christus Erwartungen und Hoffnungen. Und wir können unsere persönlichen Erwartungen und Hoffnungen immer wieder neu auf den Prüfstand stellen und neu fragen, was Jesus bringt, was er geben will und was er von uns erwartet. Dabei ist das Geschehen des Palmsonntags ein Beispiel dafür, dass Gottes Plan mit den Menschen durchaus anders sein kann, als das, was sie erwarten. Wenn wir von Kreuz und Auferweckung Jesu her zurückblicken auf jenen spektakulären ‚Einzug in Jerusalem' dann sehen wir ihn als Durchgangsstation auf dem Weg zu Kreuz und Auferweckung – aber auch als etwas Unverzichtbares, das das Besondere der Mission des Messias Jesus Christus unterstreicht.

Auf der Gratwanderung über die Versuchung der Macht – und eben auch der Macht eines ‚Friedensmachers'– bringt Jesus das Angebot Gottes an sein Volk Israel und über dessen Grenzen hinaus an alle, die ihn annehmen wollen. So kann dieses Geschehen auch heute vermittelbar sein – und hilfreich zum Verstehen dessen, was Jesus uns sein will und was nicht.

Wir mögen darüber nachdenken und es als Herausforderung ansehen, wie wir das in den Evangelien geschilderte Palmsonntagsgeschehen in unsere Zeit mit ganz anderen Vorstellungen transponieren. Und wir dürfen dafür dankbar sein, dass Jesus sich uns auch in dieser Episode als Herr der Geschichte, als Bringer des Heils und seines Friedens zeigt.

„Frieden hinterlasse ich euch, meinen Frieden gebe ich euch; nicht einen Frieden, wie die Welt ihn gibt, gebe ich euch. Euer Herz beunruhige sich nicht und verzage nicht."

4.6 Jesus gibt den Tempel seiner Bestimmung zurück

Matthäus 21,12-17 (Übersetzung „Hoffnung für alle")

Jesus ging in den Tempel, jagte alle Händler und Käufer hinaus, stieß die Tische der Geldwechsler und die Stände der Taubenhändler um und rief: „Gott sagt, mein Haus soll ein Ort des Gebets sein, ihr aber habt eine Räuberhöhle daraus gemacht!"
Da kamen auch schon blinde und Krüppel, und er heilte sie im Tempel.
Als die Hohen Priester und die Gesetzeslehrer seine Wundertaten sahen und als sie hörten, wie die Kinder sogar im Tempel riefen: „Heil dem Sohn Davids,!", wurden sie wütend und fragten Jesus: „Hörst du denn nicht, was die Kinder schreien?" „Ja, ich höre es", antwortete Jesus. „Habt ihr nie gelesen: ‚Selbst kleine Kinder werden dich loben!'?"
Damit ließ er sie stehen, verließ die Stadt und ging nach Bethanien, um dort zu übernachten.

Die sogenannte ‚Tempelreinigung Jesu' ist eine spektakuläre Aktion, die immer wieder Künstler herausgefordert hat, ihre Vorstellungen davon zu gestalten und die zu jedem Jesusfilm dazugehört als ‚action', wie sie Filmen Dramatik verleiht – aber was ist eigentlich so dramatisch daran?

Vor kurzem war ich in Kloster Andechs – bekannt als Ort katholischer Marienverehrung und als Touristenmagnet. In der als Perle des bayrischen Barock prachtvoll ausgestalteten Basilika ein Touristengedränge und Blitzlichtgewitter, dazu alle paar Stunden ein Gottesdienst – und über allem auf einem hochaufragenden Hochaltar eine Statue der Himmelskönigin Maria mit dem Jesuskind auf dem Arm. Und um die Klosterkirche herum Devotionaliengeschäfte, Biergärten und Speisegaststätten, so dass die Luft gesättigt war von dem Duft von Bier und gebratenem Fleisch. Auf dies alles angesprochen, hätte der verantwortliche Leiter der klostereigenen Wirtschaftsbetriebe sicher sehr nachvollziehbar dargelegt, dass dies alles notwendig und Grundlage dafür sei, dass das Kloster seine gottesdienstlichen und seelsorgerlichen Aufgaben und Verpflichtungen wahrnehmen könne: Ohne Brauerei, Biergärten und alles andere keine geistlichen Aktivitäten über die Klosterräume hinaus!

Die Erfahrung dieses Besuches war für mich Brückenschlag zu unserem Text hin: Denn so, wie dieser Wirtschaftsleiter, hätte sicher auch der Leiter der Tempelbetriebe in Jerusalem argumentiert – mit etwas anderen Gewichtungen wahrscheinlich, aber dafür mit noch viel mehr Überzeugungskraft. Denn er hätte ja darauf verweisen können, dass die alltägliche Opferpraxis, die jährlichen Wallfahrten als Verpflichtung für fromme Juden und das Almosengeben wenigstens teilweise die direkte Umsetzung von klaren Anweisungen in der Thora, dem Gesetz Gottes, bedeutete und deshalb eben Gottesdienst war. Und zu diesem ‚Dienst an Gott', zu diesen Opferhandlungen von Tempelbesuchern und Wallfahrern gehörte dann eben auch das entsprechende Umfeld: Verkäufer von Opfertieren, Geldwechsler, die die Fremdwährungen aus der ganzen damals bekannten Welt eintauschten in die als besonders und geradezu als heilig betrachtete Tempelwährung, Verkäufer von Devotionalien. Und dass bei jedem Geldwechsel die Bank oder der Devisenhändler Gewinn macht - diese Erfahrung haben wir ja vor der Einführung des Euro an jeder innereuropäischen Grenze machen können.

Was also veranlasste Jesus zu jener Aktion, mit der er einigen sicher von der Tempelbehörde lizenzierten Geldwechslern, Opfertieranbietern und Devotionalienhändlern das Tagesgeschäft verdarb? Warum empörte er sich über ehrwürdige Traditionen, die nach den heiligen Schriften und ihrer Interpretation durch die Priesterschaft doch als Ausdruck der Verehrung und Anbetung Gottes, wie er sie von den Angehörigen seines Volkes erwartete, galten? Machten nicht gerade die Aktivitäten der Geldwechsler und Kaufleute erst eine rechtmäßige, eine vorschriftsmäßige und geordnete Anbetung Gottes durch den einzelnen Gläubigen und bei großen Gottesdiensten möglich? Geht hier Jesus nicht eigentlich gegen die falschen Leute vor? Die kleinen Hilfskräfte und Handlanger des Systems, dessen Verantwortliche einige Etagen höher sitzen? Sicher ungewöhnliche Gedanken – aber wenn ich ihnen Raum geben würde, dann kämen mir sehr viele Erinnerungen an Erfahrungen in der Geschichte unseres Landes wo es auch Tradition war, die Kleinen zu hängen und die Großen laufen zu lassen, weil sie die besseren Anwälte hatten oder sich rechtzeitig absetzen konnten. Für die übliche Auslegung und Interpretation unseres Textes, sicher fremdartige und ungewöhnliche Gedanken. Aber ich denke, dass sie dazu beitragen können zu verstehen, worum es hier eigentlich geht. Denn der Konflikt, um den es hier geht und der hier so öffentlich ausgetragen wird, ist uralt und sogar im Christentum unserer Tage aktuell. Genügt die formale

Zugehörigkeit zu einer Kirche, genügen regelmäßiger Gottesdienstbesuch, pünktliche Kirchensteuerzahlung, gelegentliche Spenden und darüber hinaus vielleicht auch noch die Teilnahme an weiteren kirchlichen Veranstaltungen, wie etwa Wallfahrten, um daraus einen Anspruch gegen Gott abzuleiten? Um sich damit abzusichern für den Fall, dass einmal Rechenschaft gefordert wird? Und genau darum geht es hier – in den Gottesdienstformen und in der Sprache der Zeit Jesu: Genügen regelmäßige Opfer und die Teilnahme an Gottesdiensten im Tempel, genügt die peinliche Beachtung aller Vorschriften der Thora und anderer Regelwerke, um damit Ansprüche gegen Gott zu etablieren? Kann Gott auf diese Weise in die Pflicht genommen werden nach der Art: ‚Gott, ich habe alles getan, was mir vorgeschrieben ist – und jetzt musst du mich dafür auch akzeptieren und mir gnädig sein!'

Schon alttestamentliche Propheten und Psalmbeter hatten ein klares Nein gesagt zu solcher Einstellung: Bei Amos, Jeremia, Hosea und in einzelnen Psalmen finden sich entsprechende Stellen, die alle darin übereinstimmen: Gott hat kein Gefallen an formal dargebrachten Opfern, an korrekt erfüllten religiösen Pflichten und Gottesdiensten, zu deren Korrektheit dann auch gehörte, Kranken, Behinderten und Kindern den Zugang zum Tempel zu verwehren. Gott will etwas ganz anderes: Buße, Reue, und ihm zugewandte Herzen von Menschen, die ihr Vertrauen ganz auf ihn setzen und die seine Gebote so halten, wie er sie gemeint hat. Und Gott will nicht den Ausschluss von Randgruppen von den Gottesdiensten in seinem Hause, wie er von den Herren des Tempels praktiziert wird. Die Propheten und Psalmbeter haben geredet, gefordert – aber Jesus handelt, ohne lange zu diskutieren und die Menge ist so begeistert, dass sich die Hüter von Ruhe und Ordnung im Tempel offensichtlich scheuen, einzugreifen – ja, dass Jesus es sich sogar leisten kann, die Hüter der altehrwürdigen Traditionen, die über sein Vorgehen empört sind, zu brüskieren, indem er sie einfach stehen lässt. Für die so leicht beeinflussbare und manipulierbare Menge ist Jesus hier der klare Sieger. Und die Blinden und Lahmen, von denen unser Text spricht, können Jesu Tat als Befreiung empfinden: Jesus hat ihnen – ebenso wie den unmündigen Kindern – den unmittelbaren Zugang zu Gott freigemacht. Die junge Christengemeinde hat dieser Tempelreinigung eine immense Bedeutung beigemessen: Dieser Bericht gehört zu den ganz wenigen Taten Jesu, über die alle vier Evangelien übereinstimmend und z. T. noch detaillierter als unser Text berichten. Das neue Verständnis von Gottesdienst und Gebet, das Jesus bringt und das immer wieder in den Evangelien aufleuchtet, wird hier beispielhaft in eine befreiende Tat umgesetzt. Auch christliche Kirchen sind immer wieder der Versuchung erlegen, für die Anbetung Gottes, für seinen Lobpreis und für Gottesdienste zu seiner Ehre Formen und Liturgien auszuarbeiten, die von nachfolgenden Generationen eines Tages nicht mehr nachvollzogen werden konnten und die dann als wirklichkeitsfremd, als beklemmend oder gar einengend empfunden wurden. Das führte insbesondere dann zu Konflikten, wenn sich die sozialen Verhältnisse radikal änderten und die jeweiligen Kirchen traditionelle Liturgien und Rituale nicht ändern und neuen Situationen anpassen wollten. Gerade unter solchen Umständen war immer wieder ‚Tempelreinigung' angesagt – in durchaus unterschiedlichen Formen, aber von der Sache her immer mit dem Ziel, Gott in neuer und überzeugender Form zu loben und anzubeten. Dafür gibt es bis in unser Hier und Heute hinein eine Vielzahl von Beispielen, die zeigen, dass die Geschichte von der Tempelreinigung keinesfalls nur fromme Erinnerung sein kann, sondern immer neu Aufgabe und Herausforderung ist. Wobei sich die Formen solcher Tempelreinigungen sicher aktuellen Herausforderungen anpassen, das Ziel aber dasselbe bleibt: die Liebe Gottes, der er in der Sendung seines Sohnes Jesu Christi ihren höchsten Ausdruck verliehen hat, den Glaubenden nahe zu bringen, überzeugend zu verkünden und ihm dafür Lob und Dank zu bringen. ‚Tempelreinigung' als aktuelle Aufgabe – ein Gedanke, über den nachzudenken sich lohnt.

4.7 Die Brautjungfern-Geschichte: Neue Maßstäbe werden gelten

Matthäus 25,1-13 (rev. Lutherübersetzung 1984)

Mit dem Reich Gottes verhält es sich wie folgt:

Zehn Jungfrauen gingen aus, den Bräutigam einzuholen.
Aber fünf von ihnen waren töricht und fünf waren klug.
Die törichten nahmen ihre Lampen, aber sie nahmen kein Öl mit.
Die klugen aber nahmen Öl mit in ihren Gefäßen, samt ihren Lampen.

Als nun der Bräutigam lange ausblieb, wurden sie alle schläfrig und schliefen ein. Um Mitternacht aber erhob sich lautes Rufen: Siehe, der Bräutigam kommt! Geht hinaus, ihm entgegen!

Da standen diese Jungfrauen alle auf und machten ihre Lampen fertig.
Die törichten aber sprachen zu den klugen:
Gebt uns von eurem Öl, denn unsre Lampen verlöschen!

Da antworteten die klugen und sprachen: Nein, sonst würde es für uns und euch nicht genug sein; geht aber zum Kaufmann und kauft für euch selbst.

Und als sie hingingen zu kaufen, kam der Bräutigam; und die bereit waren, gingen mit ihm hinein zur Hochzeit, und die Tür wurde verschlossen.

Später kamen auch die anderen Jungfrauen und sprachen: „Herr, Herr, tu uns auf!" Er antwortete aber und sprach: „Wahrlich, ich sage euch: Ich kenne euch nicht."

Darum wachet! Denn ihr wisst weder Tag noch Stunde.

Es gibt Bibelverse oder ganze Textabschnitte, die man deshalb im Gedächtnis behält, weil sich mit ihnen eine besondere Erfahrung oder ein besonderes Erlebnis verbindet. So ist es für mich mit diesem Predigttext.

Als junger Student in Göttingen besuchte ich regelmäßig Gottesdienste und Bibelstunden in der dortigen Reformierten Gemeinde. In ihr war damals Prof. Otto Weber Zentralgestalt – ein großer Theologe, der während der NS-Zeit klar das Wort Gottes verkündet hatte und zu dem viele Studenten und auch große Prediger kamen. Einer dieser Prediger war ein Pastor Tibbe, der bald für seine Predigten berühmt wurde. Eines Tages erklärte Pastor Tibbe auf der Kanzel vor Beginn seiner Predigt: „Eigentlich ist der vorgeschlagene Predigttext für diesen Sonntag die

Geschichte von den klugen und törichten Jungfrauen. Aber ich habe sehr lange über diesem Text gesessen und einfach keinen Zugang zu ihm gefunden. Deshalb werde ich über einen anderen Text predigen."

Alle Gottesdienstteilnehmer waren tief bewegt über dieses Eingeständnis eines so großartigen und wortgewaltigen Predigers – und mich hat diese Erfahrung der Aufrichtigkeit eines Pastors, wie ich sie seither in den mehr als 50 Jahren regelmäßiger Gottesdienstbesuche nie wieder erlebt habe, bis heute nicht losgelassen. Deshalb habe ich um diesen Text immer einen weiten Bogen gemacht und ihn für ‚unpredigtbar' gehalten – bis er mich dann doch eingeholt hat. Als ich ihn nämlich vorgeschlagen bekam als Predigttext für die Kurzpredigten, die meine Frau und ich regelmäßig seit 15 Jahren für den Evangeliumsrundfunk schreiben. Natürlich hätte ich ihn zurückgeben und um einen anderen Text bitten können – aber nach mehr als 15 Jahren eigenen Predigtdienstes wäre mir dies als Feigheit erschienen, und ich wollte zudem verstehen lernen, warum wohl Pastor Tibbe damals mit diesem Text nicht klarkam.

Was ist an diesem Text so ungewöhnlich, so anstößig und geradezu abstoßend? – Es ist jene Passage, in der es heißt – und hier nehme ich die Übersetzung der Zürcher Bibel von 2007 –:
„Die törichten aber sagten zu den klugen: Gebt uns von eurem Öl, denn unsere Lampen sind am Erlöschen. Da antworteten die klugen: Nein, es würde niemals für uns und euch reichen. Geht lieber zu den Händlern und kauft selber Öl! Doch während sie unterwegs waren, um es zu kaufen, kam der Bräutigam und die bereit waren, gingen mit ihm in den Hochzeitssaal, und die Tür wurde verschlossen."

Diese schroffe Zurückweisung der Bitte, das Öl zu teilen, ist doch eine zutiefst unchristliche Handlungsweise. Immer wieder betont Jesus die besondere Bedeutung des Bittens Menschen bitten andere Menschen, Menschen bitten ihn um Hilfe und Menschen wenden sich mit ihren Bitten an Gott. Und es gibt eine große Zahl von Beispielen, bei denen die Erfüllung solchen Bittens gezeigt wird – ganz einfach etwa die Geschichten von dem Menschen, der spät in der Nacht seinen Freund um Brot bittet oder von der Witwe, die mit ihrem Bitten einem hartherzigen Richter so zusetzt, dass er sie schließlich erhört. Und hier erklärt Jesus dieses Zurückweisen einer nur allzu verständlichen Bitte als ,Qualitätsmerkmal' der klugen Jungfrauen?

Schwenk in die Gegenwart, in unser ,Hier und Heute': Das, was Jesus hier als ,klug' absegnet, das ist doch heute weitestgehend Kennzeichen von Sozialpolitik und ebenso Entwicklungspolitik geworden! „Ihr, die ihr nicht über den Tag hinaus gedacht habt und die ihr nicht Vorsorge getroffen habt, ihr müsst jetzt eben sehen, wo ihr bleibt!" Von der alttestamentlichen Josefsgeschichte bis hin zum drohenden Staatsbankrott Griechenlands mit Vorschlägen, die Griechen, die einfach in den Tag hinein gelebt haben, aus der Eurozone hinauszuwerfen und dann ihrem Schicksal zu überlassen, zieht sich die Spur dieser in unserem Text gutgeheißenen Haltung durch die Geschichte. Und der Umgang mit jenen Entwicklungs–ländern, die gegebene Hilfen verschwendet haben und Fässer ohne Boden geworden sind, kann sich ebenfalls auf diese Vorgabe unseres Textes berufen: „Da ihr nicht an die Zukunft gedacht habt – da seht zu, wo ihr bleibt und ob ihr noch jemanden findet, der euch zu helfen bereit ist!"

So logisch und als aus menschlicher Klugheit gespeist solches Verhalten auch sein mag: es kann doch nicht der Weisheit letzter Schluss sein – auch wenn es sich hier auf den Wortlaut einer Rede Jesu berufen kann Beim Nachdenken darüber wurde mir klar, was für ein gewaltiger Bruch sich hier auftut, wenn wir diesem Text andere Aussagen Jesu gegenüberstellen wie etwa jenes „sorget nicht für den morgigen Tag, es ist genug, dass ein jeder Tag seine eigene Sorge hat", an seine Rede von den Sperlingen, die doch von dem himmlischen Vater versorgt werden und an sein grundsätzliches Mitleid mit den weniger klugen, den weniger cleveren ,Randsiedlern der Gesellschaft'. Soll dies alles durch dieses Gleichnis in Frage gestellt werden? Durch ein „Ja, aber wenn es darauf ankommt, dann ist jeder doch sich selbst der Nächste!"

Als ich hier angekommen war, verstand ich, warum Prediger mit diesem Text und seiner glasklaren Aussage Jesu große Schwierigkeiten haben können bis zu einem ,nicht mehr weiter wissen' – und ich überlegte, was wohl das Besondere dieses Gleichnisses sein könnte. Den Zugang fand ich, als ich fragte, wo dieses Gleichnis eigentlich im Evangelium des Matthäus seinen Platz hat. Es steht am Ende des irdischen Lebensweges Jesu, unmittelbar vor dem Beginn der Passionsgeschichte – und in der

Luther ‚84' Ausgabe des Neuen Testaments steht darüber: „Endzeitreden". Und dieses ‚Endzeitreden' erklärt das Besondere dieses Gleichnisses. Unmittelbar vor der Passion bereitet Jesus seine Jünger darauf vor, dass jetzt andere Zeiten kommen werden. Seine Reden, für die es in den Evangelien von Markus und Lukas entsprechende Parallelen gibt, zeichnen die beklemmende Atmosphäre einer Ruhe vor dem Sturm, eines letzten Innehaltens, bevor das Unheil hereinbricht. In dieser dramatisch angespannten Situation geht es mit einem Mal um Vorsorge und Vorbereitungen auf harte und geradezu feindliche Zeiten. Und da bleibt nichts übrig von jener heiteren Gelassenheit, wie sie etwa zum Ausdruck kam in jenem Hinweis auf Gottes Güte, mit der er die Lilien auf dem Felde und die Vögel unter dem Himmel versorgt. Jetzt ist die Zeit gekommen, sich Sorgen zu machen angesichts einer bedrohlichen Zukunft und im Vorausblick auf ein Ende dieser Welt, das mit einem Mal drohend am Horizont auftaucht. Ein Ende wird kommen zumindest der Verhältnisse, in denen sich die Jünger eingerichtet und es sich sogar recht bequem gemacht haben. Entscheidungen stehen an – und auch Trennungen: „Es werden nicht alle, die zu mir sagen ‚Herr, Herr' in das Reich der Himmel kommen!" So lautet eine ernüchternde Feststellung Jesu, mit der er Sicherheiten in Frage stellt, die sich unter seinen Anhängern ausgebreitet haben mögen.

Und in diesen Rahmen gehört unser Gleichnis. Eine Geschichte, die ihren Platz hatte in den Hochzeitsbräuchen jener Zeit und für die Hörer keiner weiteren Erklärung bedurften. Die Situation, die der Text knapp beschreibt und auf die ich schon hingewiesen habe, ist eindeutig: Die einen haben noch – und die anderen haben nicht mehr genug Was sich hier sehr konkret auf den Vorrat an Öl bezieht, den die klugen Jungfrauen vorsorglich – und von den anderen deshalb vielleicht sogar belächelt und bespöttelt – mitgeführt haben, das hat Jesus sicher nur bildlich gemeint. Das heißt, dass es hier um etwas ganz anderes geht, für das das Öl nur stellvertretend genannt wird. Die Zuhörer Jesu haben sicher verstanden, dass er hier etwas anderes im Blick hat – nämlich das, was Jesus an anderer Stelle beschreibt als ‚Schätze im Himmel, die weder der Rost noch die Motten zerstören können' Und ebenso kann man das Öl als Bild sehen für einen Glauben, von dem die einen so viel in sich haben, dass er eben auch Durststrecken und Perioden des Wartens aushält und überdauert, während er bei den anderen so knapp bemessen ist, dass er dann nicht mehr ausreicht, als es entscheidend darauf ankommt, als sich die Ankunft des Bräutigams hinauszögert. „Dass es spät werden kann? – na ja, Verspätungen, die kann man nun einmal nicht ausschließen, aber so schlimm wird es schon nicht werden und dann kann man immer noch andere um Hilfe bitten!“ Solche Gedanken, wie sie die ganz normal denkenden, wenn auch hier als ‚töricht’ bezeichneten Jungfrauen gehabt haben mögen, die sind geradezu ‚zeitlos’ und sicher auch heute ‚ganz normal’. Und – wie schon angesprochen – über solches ‚um Hilfe bitten’ hat ja auch Jesus gepredigt, als es noch Zeit dafür war.

Aber hier, wo das Ende der vergleichsweisen Idylle bevorsteht, in der es sich Jesu Jünger geradezu bequem eingerichtet hatten als die engsten Gefolgsleute eines berühmten Rabbi und in dem Wissen, dass sie in schwierigen Situationen immer auf seine Hilfe zurückgreifen konnten, da wird mit einem Mal alles ganz anders. Was wird sein, wenn Jesus wirklich nicht mehr da sein wird? Wenn keine Möglichkeit mehr besteht, sich direkt an ihn zu wenden? Wenn es zu spät dafür ist, ihn in schwierigen Situationen um Hilfe zu bitten?

In den Evangelien aufgezeichnete Aussprüche der Jünger zeigen, wie sie solche Gedanken weit weg schieben, wie gerade sie als die unmittelbaren Gefolgsleute Jesu es sich einfach nicht vorstellen wollen, dass er einmal nicht mehr da sein wird: „Herr, das widerfahre Dir ja nicht!“ heißt es dann – und sicher verknüpft mit der bangen und unausgesprochenen Frage „Aber was soll dann aus uns werden, wenn Du nicht mehr da bist?“ Und dass es einmal ein ‚Zu spät!’ geben soll – das soll, ja, das darf nicht sein! Was solches „Es darf kein ‚zu spät’ geben!“ angeht, da gibt es unter den Nachfolgern Jesu eine erstaunliche Kontinuität über 2000 Jahre hinweg. Das erlebe ich immer dann, wenn ich im Gottesdienst das Lied von Manfred Siebald „Es ist niemand zu groß, es ist niemand zu klein ...“ singen lasse. Dessen letzte Strophe „Es macht einer schon früh und ein anderer erst spät von dem Angebot Gebrauch – mancher wartet zu lange, bis es nicht mehr geht, warte nicht, sonst verpasst Du es auch!“ erweckt immer wieder Anstoß bei Gottesdienst-Teilnehmern, die sich darüber aufregen können, dass hier dieses ‚zu spät’ so offen angesprochen wird.

Und die Zurückweisung der Bitte um geschwisterliche Hilfe, die Jesus hier offensichtlich gutheißt? Vor dem Hintergrund der Erwartung eines unmittelbar bevorstehenden Endes, bei dem ein jeder doch darauf bedacht sein muss, selbst Aufnahme zu finden in das ‚Reich der Himmel', steht diese harte Zurückweisung der Bitte um geschwisterlichen Hilfe für den Ernst der Situation, um den es hier geht. Wenn es denn soweit sein wird, dass das Ende da ist, dann wird jeder nur sich selbst der Nächste sein und auch nur von den Vorräten zehren können, die er selbst mitgebracht hat – wofür dann die schon angesprochenen Bilder stehen von den ‚im Himmel gesammelten und dort gespeicherten Schätzen' und einem mit dem Öl zu vergleichenden und ebenfalls nicht weitergabefähigen Glauben.

Die zur Zeit Jesu und nach seinem Tod bei den Menschen sehr gegenwärtige ‚Naherwartung' einer schnellen Wiederkunft Jesu und eines damit verbundenen Endes der Welt wird heute nur noch von sehr wenigen Christen geteilt – und dann in der Regel nur im Zusammenhang mit Katastrophen beschworen. Aber ein ‚Abberufenwerden' aus diesem Leben in dieser Welt kann für den Einzelnen jederzeit, auf vielerlei Weise und sogar sehr plötzlich erfolgen. Und dann wird die Frage einer ‚geistlichen Vorsorge' im Bilde von ‚im Himmel gespeicherten Schätzen' und einem Glauben, der auch Durststrecken und Anfechtungen überdauert und überstanden hat, mit einem Mal sehr aktuell. Jene Liedstrophe von Martin Luther „Mitten wir im Leben sind mit dem Tod umfangen. Wer ist's, der uns Hilfe bringt, dass wir Gnad erlangen? Das bist Du, Herr, alleine" gilt zeitübergreifend und ist heute für jeden einzelnen so aktuell wie eh und je.

Eine solche Auslegung dieses Gleichnisses macht deshalb Sinn, weil sie in den Rahmen der Verhaltensmaßnahmen passt, die Jesus seinen Nachfolgern und den an ihn Glaubenden mitgeben wollte. Wie ein Brennglas bündelt sie Zusagen, Erklärungen und auch Warnungen, wie er sie immer wieder und in vielen Situationen seinen Jüngern und anderen, die ihm nachfolgten, gesagt hat. Und sie hat mir auch den Bruch verständlich gemacht gegenüber vielem, was Jesus ‚früher' und unter anderen Umständen gesagt und vorgelebt hat. Jesus wusste um das, was kommen würde, und er wusste, wie schwer sich an ihn Glaubende damit tun würden, in Krisensituationen und in ‚Warteschleifen' treu zu bleiben und durchzuhalten. Wie seine Jünger es sich damals in seinem Schatten eingerichtet und bequem gemacht hatten – und es genossen, als eine Art ‚Hofstaat' des großen Rabbi Jesus respektiert zu werden – so haben sich auch die Christen in unserm Teil der Welt und in unserm Land eingerichtet und sind stolz darauf, dass ihre Stimmen in der großen Politik gehört werden. Wie würden wir klarkommen mit dem Wissen um ein unmittelbar bevorstehendes Ende? Oder würden etwa die heute in so vielen Ländern verfolgten und gepeinigten Christen ein ‚Mehr' mitbringen an ‚Glauben, der im Feuer erprobt und geläutert' worden ist und an unvergänglichen Schätzen, die im Himmel für sie gespeichert sind? Als Aufforderung zu geistlicher Vorsorge hat dieses Gleichnis sicher heute genau so seine Bedeutung wie zu der Zeit, als Jesu es als ‚Endzeitrede' und zugleich Mahnung seinen Jüngern predigte. Deshalb sollten auch wir es als ‚gute Botschaft' und Evangelium aufnehmen und ernst nehmen.

4.8 Jesus warnt: „Zieht euch warm an, es kommen harte Zeiten!"

Luk.22, 28–30 und 35–38 (Einheitsübersetzung)

„In allen meinen Prüfungen habt ihr bei mir ausgeharrt. Darum vermache ich euch das Reich, wie es mein Vater mir vermacht hat. Ihr sollt in meinem Reich mit mir an meinem Tisch essen und trinken und ihr sollt auf Thronen sitzen und die zwölf Stämme Israels richten ...". Dann sagte Jesus zu ihnen: „Als ich euch ohne Geldbeutel aussandte, ohne Vorratstasche und ohne Schuhe, habt ihr da etwa Not gelitten?" Sie antworteten: „Nein". Da sagte er: „Jetzt aber soll der, der einen Geldbeutel hat, ihn mitnehmen und ebenso die Tasche. Wer aber kein Geld hat, soll seinen Mantel verkaufen und sich dafür ein Schwert kaufen. Ich sage euch: An mir muss sich das Schriftwort erfüllen: Er wurde zu den Verbrechern gerechnet. Denn alles, was über mich gesagt ist, geht in Erfüllung." da sagten sie: „Herr, hier sind zwei Schwerter." Er erwiderte: „Genug davon!"

Eine Abschiedsszene, die mich in ihrer Endgültigkeit und unterkühlten Dramatik erinnert an Szenen in dem Film ‚Das siebente Siegel' des schwedischen Meisterregisseurs Ingmar Bergman. Dort hat eine Gruppe sehr unterschiedlicher Menschen die Zeit einer zwar bedrohten, aber doch tröstlichen Geborgenheit erlebt – und nun heißt es Abschiednehmen für immer, denn ‚danach wird nichts mehr so sein wie vorher'. Szenen, die unter die Haut gehen – und die genau so unseren Text veranschaulichen könnten. Und dieses ‚danach wird nichts mehr so sein wie vorher' äußert sich in unserm Text darin, dass Jesus neue Spielregeln ausgibt, die bisher von ihm proklamierte geradezu auf den Kopf stellen: Sollte bisher ‚der jeweils morgige Tag für das Seinige sorgen', so ist für die Zukunft ‚Vorsorge' angesagt – und geradezu sensationell fordert Jesus hier von seinen Jüngern eine Verteidigungsbereitschaft, die auch Gewalt nicht mehr ausschließt. Sollen hier bisherige Werte umgekehrt oder neuen Herausforderungen angepasst werden? Jesus bereitet seine Jünger vor auf ein Leben nach seinem Weggang – auf ein Leben, in dem er nicht mehr um sie sein wird und Schirm und Schild für sie sein kann. Seine Mahnungen sind unmissverständlich: Jetzt kommen rauere Zeiten! – und Petrus wird der erste sein, der dies zu spüren bekommt. Notwendig werdende Vorsorge, heraufziehende Gewalt, drohende Versuchungen – und wenn Jesus seine Jünger daran erinnert, dass sie im Vertrauen auf das, was er ihnen sagte, nie Mangel gelitten haben, so wirkt das wie eine Verklärung der hinter ihnen liegenden Zeit. Uns Lesern im Hier und Heute klingt das Neue, was Jesus hier erklärt, einfach sehr realistisch und gegenwartsbezogen. Ob nun für Christen oder für Nicht-Christen: ‚Vorsorge' ist ein Gebot der Stunde: Vorsorge für Alter und Krankheit, für Invalidität und Arbeitslosigkeit, für Pflegebedürftigkeit und für Geldentwertung – die Forderung, Vorsorge zu treffen, begegnet uns überall. Über Gewalt, Angst vor Gewalt und drohende Gewalt Worte zu verlieren, das erübrigt sich nun wirklich – Gewalt ist immer präsent und wird uns vom Fernsehen in die Wohnzimmer gebracht. Und Versuchungen, wie Jesus sie Simon Petrus ankündigt in Versen, die ich bei der Textlesung weggelassen habe? Auch sie erleben Christen heute in vielfältiger Form – primitiv etwa in islamischen Ländern, wo ein Übertritt zum Islam mit Geld und Privilegien belohnt wird und viel subtiler und damit oft genug noch viel verlockender und gefährlicher in so genannten ‚christlichen Ländern', wo Angriffe auf Christen und ihren Glauben immer häufiger den lautstarken Beifall der Medien finden und wo

Meinungsmacher mit Verunglimpfungen christlicher Werte und christlicher Glaubensinhalte ‚Quoten machen'. Wo bekennende Atheisten mit zustimmender Aufmerksamkeit rechnen können, während für Christen oft genug nur Hohn und Spott übrig bleibt.

Wie der Hinweis auf die mitgeführten Schwerter zeigt, ist es den Jüngern Jesu offensichtlich schon etwas mulmig geworden. Aber sie konnten sich in seiner Gegenwart immer noch relativ sicher und respektiert fühlen – und das wird jetzt vorbei sein! Wie sollen wir mit diesem Bruch umgehen?

In Science-fiction-Unterhaltungssendungen und -Büchern, in fremden Religionen und selbst in der Bibel kommen immer wieder Vorstellungen und Bilder vor von Entrückungen oder vom Durchschreiten von ‚Toren', die in fremde Zeiten, an ferne Orte oder zu anderen Bewusstseinszuständen führen. In der Bibel erleben wir das etwa bei der Berufung von Propheten oder in Gesichten, wenn Menschen aus ihrer Erfahrungswelt herausgeholt werden in die Gegenwart Gottes oder in ihnen völlig fremde Lebensumstände. Damit verbunden sind dann tiefgehende Erschütterungen, die die Betroffenen aus ihrer Bahn werfen, weil sie hier mit für sie bisher völlig ‚Unvorstellbarem' konfrontiert werden. In unserem Text weiß zwar Jesus um das, was ihm bevorsteht und was die Zukunft seinen Jüngern bringen wird. Für sie aber ist das alles noch ‚unvorstellbar', weil es jenseits ihrer Erfahrungswelt liegt. Ihr Verweis auf die mitgeführten Schwerter zeigt, dass sie sich durchaus vorstellen können, zur Verteidigung Jesu bis zum Tode zu kämpfen – aber dass er sich selbst freiwillig – und auf dass die Schrift erfüllet würde – zum Opfer bringen könnte, das übersteigt einfach ihr Vorstellungsvermögen. Sie müssen erst durch das Tor eines abgrundtiefen Entsetzens und einer bodenlosen Verzweiflung geführt werden, um fähig zu werden, zu erkennen, was hier geschehen ist. In seinem Gespräch mit den Emmaus-Jüngern führt der auferstandene Jesus Menschen sehr behutsam und so, dass sie ihm darin folgen können, zu dem Ansatz eines solchen Verstehens: „Musste nicht Jesus solches erleiden, auf dass die Schrift – und das heißt dann doch: der Heilsplan Gottes mit dieser Welt – erfüllt würde?" Dieses Gespräch ist ein Beispiel dafür, wie Menschen durch ein solches ‚Tor der Erkenntnis' geführt werden müssen, um zu einem neuen Verständnis von Erlebnissen und Erfahrungen zu kommen. Für die Jünger in unserem Text aber ist es noch nicht soweit – und deshalb ihre Verständnislosigkeit.

Auch wenn wir als Christen heute ‚im Kopf' um den Fortgang der Geschichte und um ihre Bedeutung für unseren Glauben wissen, so verwenden doch auch wir immer wieder Veranschaulichungen und Bilder, wo bloße Worte nicht genügen. Wenn heute vielfach darüber geklagt wird, dass christlicher Glauben in seiner evangelischen Ausprägung Menschen allein lässt in ihrer Suche nach tröstenden Bildern und spiritueller Einbindung und dass Gläubige auch sinnliche Wahrnehmung brauchen – wie unser Text zeigt, konnten auch Jesu Jünger zunächst mit seinen bloßen Worten nichts anfangen und waren einfach hilflos. Auch wir sind darauf angewiesen, dass Jesus uns im Glauben Wege zeigt, die uns heraushelfen aus quälenden Fragen und Schuldverhaftungen, aus Blockaden und aus mancherlei Selbstvorwürfen, die uns nicht weiterhelfen. Welchen Weg er dafür wählt, das liegt bei ihm und dafür gibt es kein Schema und keine Regel. Das kann über ein Wort geschehen, das passend in eine persönliche Situation hinein gesprochen zu sein scheint. Das kann in der Stille einer Meditation auf dem Wege einer spirituellen Erfahrung geschehen. Das kann über ein Gespräch mit einem Christen geschehen, in dem Fragen und Nöte eines Suchenden ernst genommen werden und das gekennzeichnet ist von liebevollem Zuhörenkönnen. Und es kann geschehen über das schlichte Zeugnis aus einem christlichen Leben, das ein Herz anrührt. Um mit den Worten der leidgeprüften und doch erwartungsfrohen Christin Hannelore Frank zu schließen: „Wenn Gott uns helfen und beistehen will, wenn er uns trösten, raten und ermuntern will, dann lässt er nicht mit Blitz und Donner ein Wunder geschehen, sondern er schickt uns einen Menschen". Und so wie er uns Menschen schickt, so sollen wir auch offen sein dafür, von ihm zu anderen geschickt zu werden.

4.9 Katastrophen sollen euch nicht vom Glauben abbringen !

„Jesus Christus spricht: Euer Herz erschrecke nicht! Glaubt an Gott und glaubt an mich!“ (Joh 14,1) – Jahreslosung 2010

Als ich über diesen Text nachdachte, da fragte ich mich: Verbinden etwa immer mehr Menschen Erschrecken so mit Angst, dass sie beides nicht mehr voneinander trennen können?

Der Textzusammenhang, aus dem unsere Losung entnommen ist, sieht das wohl anders: Unsere Losung steht zu Beginn des 14. Kapitels des Johannesevangeliums als Eingangsvers – und damit geradezu Überschrift zu den drei Kapiteln des Johannesevangeliums, die zusammengefasst werden als ‚die Abschiedsreden Jesu' an seine Jünger. Und am Ende dieser drei Kapitel steht dann als ihr letzter Vers jenes „In der Welt habt ihr Angst; aber seid getrost, ich habe die Welt überwunden.“

Jesus unterscheidet also sehr deutlich zwischen einem ‚Erschrecken', dem der Glauben an Gott und an ihn entgegengesetzt werden soll – und einer Angst, die im Glauben an ihn doch überwunden ist oder sein sollte, weil Jesus auch Herr ist über unsere Ängste. Diese von Jesus selbst vorgenommene Unterscheidung lässt fragen, ob eine Verkoppelung von ‚Erschrecken' und ‚Angst' nicht grundsätzlich falsch ist, so dass ich bei einer Auslegung dieser Losung einen anderen Weg gehen sollte. Schließlich kennen wir in unserem Sprachgebrauch doch auch andere Arten von Erschrecken als nur ein ‚Angst machendes': So kennen wir ein ‚freudiges Erschrecken', wenn wir mit etwas ganz Unerwartetem konfrontiert werden, mit etwas, auf das wir gar nicht zu hoffen wagten, das wir uns kaum vorstellen konnten – und gerade in der Bibel und besonders im Neuen Testament haben wir Beispiele für solch ‚freudiges Erschrecken', etwa bei den Begegnungen der Jünger mit dem auferstandenen Christus. Und es gibt auch ein heilsames Erschrecken – dann nämlich, wenn sich zeigt, dass bisher für richtig gehaltene Wege oder Ansichten falsch sind und korrigiert werden müssen. Etwa, weil Gott anders denkt oder anderes mit einem Menschen vorhat, als der Betreffende es sich bisher vorgestellt hat. Ein sehr überzeugendes Beispiel dafür gibt uns die Apostelgeschichte: Simon Petrus wird vom Heiligen Geist aufgefordert, in das Haus des römischen Hauptmanns Cornelius zu gehen – und er weigert sich zunächst entschieden, weil er sich als gläubiger Jude mit dem Betreten eines heidnischen Hauses verunreinigen würde. Sein heilsames Erschrecken erfolgt, als ihm klar wird, dass diese seine bisherige Vorstellung jetzt überholt ist und dass es für die Verkündigung der frohen Botschaft keinen Unterschied geben darf zwischen Juden und Nichtjuden. Und solch ein ‚heilsames Erschrecken' kommt dann immer wieder vor in der Geschichte der christlichen Kirche, wenn Menschen entdecken oder ihnen klar wird, dass sie ihre bisherigen Vorstellungen von Gott korrigieren müssen. Wenn sie entdecken – oder wenn ihnen die Erkenntnis geschenkt wird – dass Gott anders ist, als es ihnen bisher gepredigt wurde oder als sie es bisher verstanden haben, wobei Martin Luther das wohl am häufigsten genannte Beispiel dafür ist. Sehr viele weitere Beispiele dafür gibt es dann in der Zeit der sogenannten Erweckungsbewegungen.

Geht es also auch in unserem Losungstext um etwas anderes als Ängstlichkeit? – etwas, dem wir nachgehen müssen, wenn wir aus seinem Textzusammenhang jenen Zuspruch, Trost und jene Wegweisung schöpfen möchten, die zu vermitteln Aufgabe jeder Jahreslosung ist oder zumindest sein sollte? Denn im Gegensatz zu jenem ‚In der Welt habt ihr Angst ...' als einer ganz allgemein gültigen Feststellung Jesu, die für alle seine Zuhörer zutrifft und die über die Zeiten hinweg für die große Masse aller Christen gültig geblieben ist, ist der Text unserer Losung von Jesus in einer ganz bestimmten, einmaligen Situation gesprochen. Er hat die Funktion einer Überschrift, die den Inhalt dreier Kapitel zusammenfasst – und die Anrede richtet sich ganz gezielt an Jesu Jünger. Seine Jünger, die er genau kennt und um deren Unvermögen, ihn und den Ernst seiner Mission zu verstehen er genau Bescheid weiß. Mit diesen Abschiedsreden beginnt im Johannes-Evangeliums die Passionsgeschichte. Jesus weiß um das, was auf ihn zukommt – und er weiß auch, dass seine Jünger immer noch nicht kapiert haben, worum es ihm geht. Schließlich gibt es genug Textstellen in allen Evangelien, in denen er seine Verzweiflung und seine Frustration darüber laut werden lässt, dass die Jünger immer noch nicht wissen, was seine Mission und Aufgabe ist. Was die Jünger immer wieder und wohl viel mehr bewegt, das ist doch die Frage, was denn schließlich für sie persönlich an Privilegien herausspringen wird, wenn Jesus als Messias die Königsherrschaft über das Volk Israel antreten wird.

Und so versucht Jesus in diesen Abschiedsreden, seine Jünger auf das einzustimmen, was da auf sie zukommt und ihnen nochmals begreiflich zu machen, warum dies so kommen muss, damit er Gottes Auftrag erfüllt und sich so als Sohn seines himmlischen Vaters erweist. Dabei weiß Jesus sehr wohl, dass das bevorstehende Geschehen für die Jünger eine Katastrophe sein wird, der sie völlig hilflos gegenüberstehen werden: die panische Flucht aller nach seiner Verhaftung und Kreuzigung – mit den Ausnahmen der Jünger Petrus und Johannes – bestätigt dies. Und eben im Vorwissen um diese Verzweiflung seiner Jünger macht dann Jesu Wort ‚Euer Herz erschrecke nicht!' Sinn – als Vorwarnung vor dieser kommenden Katastrophe. Um ihnen wenigstens etwas Halt zu geben und um sie festzuhalten in der Erinnerung an so viele gemeinsame Erfahrungen und in der Erinnerung an so viele von ihm in der Vollmacht seines himmlischen Vaters bewirkte Wunder kommt dann sein ‚Glaubt an Gott und glaubt an mich!' Eine Mahnung, die im Sinnzusammenhang wohl eher ein ‚Bleibt fest im Glauben an Gott und an mich auch im Angesicht dessen, was jetzt auf euch zukommen wird' sein soll.

So die Ausgangssituation unseres Textes – und eine Auslegung sollte von dieser Situation ausgehen oder zumindest auf sie Bezug nehmen. Dabei geht es eben nicht um Angst, bei der man beispielsweise eine Vorstellung haben kann, vor wem oder vor welcher Gefahr man sich ängstigt, sondern hier geht es für die Jünger um eine Katastrophe, die sie – trotz aller Vorwarnung und sogenannter ‚Leidensankündigungen' Jesu überraschen und treffen wird.

Angesichts einer Medien-Berichterstattung, die alles übersteigern und gewaltig erscheinen lassen will, haben wir uns an den Begriff ‚Katastrophe' gewöhnt und lassen Katastrophen-Drohungen und -Warnungen zunehmend gleichgültiger über uns ergehen. Egal, ob es sich um die sogenannte ‚menschengemachte Klimakatastrophe' oder um Naturkatastrophen wie Erdbeben, Tsunamis oder Vulkanausbrüche geht. Auch angesichts solcher Bedrohungen erscheint ein ‚Euer Herz erschrecke nicht!' angesagt. Und ich möchte hier ergänzen: „Euer Herz erschrecke nicht auch bei der Vorstellung aller großen und auch kleinen Katastrophen, die das Leben jedes Einzelnen bedrohen oder in ihm Verwüstungen anrichten können!" Da sind die großen Katastrophen, deren Bilder uns das Fernsehen ins

Haus liefert wie etwa von Flugzeugabstürzen oder Selbstmordattentaten, bei denen Unschuldige in den Tod gerissen oder für den Rest ihres Lebens zu Krüppeln gemacht werden. Aber stürzen nicht auch kleine Katastrophen wie Verkehrsunfälle oder Feststellungen, an einer schweren Krankheit zu leiden, die Betroffenen und ihre Angehörigen oft ebenso in Verzweiflungen?

Gerade in einem Leben voller Bedrohungen und schreckenerregender Vorstellungen soll der Glauben an Gott und an Jesus Christus durchgehalten werden und sollen Menschen in diesem Glauben fest stehen bleiben. Gott ist Herr dieser Welt und Herr der Geschichte – und auch über alle Schrecken, mit denen Journalisten und Politiker Menschen erschrecken und erschrecken möchten nach dem Motto ‚Angst verkauft sich gut' – und weil Angst Menschen so willenlos machen kann, dass sie dann zu vielem ‚Ja und Amen' sagen, was sie eigentlich gar nicht wollten.

Wenn ich – um nur ein solches Beispiel zu nennen – miterlebe, wie die Beschwörung der sogenannten ‚menschengemachte Klimakatastrophe' heute zunehmend auch Christen umtreibt und die Verlautbarungen von Kirchen sowie Predigten und Andachten in einer Weise bestimmt, die für Gott immer weniger Raum lässt, dann sehe ich die Mahnung unserer Jahreslosung als sehr wichtig und aktuell an. Denn hier scheint mir Gott doch gar nicht mehr gefragt zu sein oder vorzukommen. Da heißt es dann nur „Yes, we can!" und dann wird ein Plan nach dem anderen entwickelt, um den CO-2-Ausstoß zu begrenzen mit der Behauptung, so die Schöpfung zu bewahren. Wer es Gott nicht mehr zutraut, seine Schöpfung zu bewahren, der will das eben selbst in die Hand nehmen!

Für die Jünger Jesu war das Passionsgeschehen die Katastrophe, gegen deren Gewalt sie Jesus abschirmen und vielleicht auch etwas immunisieren wollte mit seinem ‚Euer Herz erschrecke nicht!'. Die Berichte einzelner Evangelien und der Apostelgeschichte zeigen, wie wenig ihnen dies zwischen Karfreitag und Pfingsten gelungen ist und dass es nur das Eingreifen des Auferstandenen war, das sie im Glauben gehalten hat. Wie aber können wir zu einem Verständnis der Jahreslosung kommen, mit dem vielen Menschen Trost, Zuspruch und Wegweisung zugesagt werden soll?

Dazu möchte ich bedenken und nachvollziehen, was Jesus mit der Aufforderung unseres Textes denn bei seinen Jüngern bewirken wollte.

Auch wenn er wusste, dass sie daran scheitern und eben doch ‚erschrecken' würden, so hat er ihnen damit doch zugleich ein Ziel gesetzt, das sie anstreben, auf das hin sie sich bemühen sollten. Und so kann auch uns diese Jahreslosung Vorgabe eines Zieles sein, das wir anstreben sollen. Das Ziel, nicht über der Beschäftigung mit möglichen Katastrophen und mit allem Möglichen, das Unruhe macht und uns umtreibt, den Glauben an Gott und an Jesus kleiner zu schreiben oder in den Hintergrund treten zu lassen. Gott bleibt der Herr der Welt – und damit auch der Herr über alle möglichen und ausdenkbaren Katastrophen, die uns immer wieder schockieren – und die uns von Angstverkäufern ins Haus berichtet werden. Aber er will zugleich der liebevolle Vater bleiben für jeden, der ihn sucht, für jeden, der sein Vertrauen auf ihn setzt. Und der an die Liebe glaubt, mit der Gott uns in Jesus Christus nachgegangen ist und uns immer wieder sucht, wenn wir in die Irre zu gehen drohen.

Ich denke, dass viele von uns in ihrem Leben etwas erlebt haben, was für sie ‚Katastrophe' bedeutete – für die Älteren etwa vieles, was mit dem Krieg und seinen Folgen zusammenhing und für die Jüngeren Probleme mit dem Beruf und den Verhältnissen in den so lange getrennt gewesenen Teilen Deutschlands. Jeder hat hier seine persönlichen Erinnerungen – und ich selbst kann mich an manche Erfahrung erinnern, als einiges zusammenbrach, auf das ich Vertrauen und Hoffnung gesetzt hatte. Ein Herausgeworfenwerden aus gesicherten Verhältnissen – wie es etwa Flucht und Vertreibung 1945/46 für mich als Jugendlichen bedeutete – und Scheitern in kritischen Situationen im Beruf, als Lebensplanungen zusammenbrachen. Das Vertrauen darauf, nicht vor Katastrophen erschrecken zu brauchen und auch in Katastrophen von Gott gehalten zu werden – das ist eine Gewissheit, die uns die Jahreslosung auch heute geben kann fast 2000 Jahre, nachdem sie zum ersten Male einer kleinen Schar kleingläubiger Jünger als Ermutigung gesagt worden war. Ihnen haben wir das Wissen voraus um das, was Jesus danach für uns getan hat und wie Gott Menschen, die ihm vertraut haben, durch die Geschichte von 2000 Jahren hindurch geführt, getröstet und in kritischen Situationen begleitet hat – „wie sich ein Vater über Kinder erbarmt, so erbarmt sich der Herr über die, die ihn fürchten." Eine Zusage, auf die wir uns auch im Jahre 2010 verlassen können und die belastbarer ist als alles, was an Katastrophendrohungen auf uns zukommen mag.

5 Aus der jungen Kirche

5.1 Mut zur Originalität im Spendeneinforderungsdschungel

Predigt über Hebräer 13, Vers 16:

„Wohlzutun und mitzuteilen vergesset nicht, denn solche Opfer gefallen Gott wohl".

Spendenaufrufe sind immer Teil christlichen Verkündigung gewesen. Dabei gab es immer die Gratwanderung zwischen einem ‚anonym bleiben wollen' und einem ‚Dank gegenüber Gott durch eine persönlich und namentlich gekennzeichnete Spende zum Ausdruck bringen' wollen. Bei geforderter Anonymität besteht die Gefahr, dass fehlender persönlicher Bezug Spenden zu einer unpersönlichen Pflichtübung macht. Umso befreiender, wenn Menschen diese Anonymitätsschranke überwinden und Mut und Phantasie finden zu ungewöhnlichen Formen des ‚Spendens' und ‚Wohltuns'.

Dabei gibt es von einem aufstöhnenden oder empörten „Die wollen schon wieder Geld von mir – als ob die Kirche nicht schon genug Kirchensteuern von mir kassiert!" bis hin zu einem selbstzufriedenen „Meine Spende für 'Brot für die Welt' (oder wofür sonst auch immer) konnte sich schon sehen lassen – und wenn jeder soviel gäbe ..." viele individuelle Reaktionen. Besonders häufig wohl ein verlegenes „Ich habe es mir zwar schon seit langem vorgenommen, aber dann kam immer noch etwas Dringenderes dazwischen" oder ähnlicher Ausdruck eines schlechten Gewissens, dass man eigentlich weiß oder ein Gefühl hat, dass man hätte spenden oder mitteilen sollen ...

Es gibt aber auch immer wieder Beispiele eines ‚Mutes, sich etwas Besonderes einfallen zu lassen' – Beispiele, die andere Menschen faszinieren und anregen können, sich auch etwas Ungewöhnliches einfallen zu lassen. Diese Predigt erzählt davon, wie viele Menschen ein solches Beispiel erlebten.

Bei einer Abschiedsfeier ging es hoch her. Ein allerseits geachteter und hoch geschätzter Abteilungsleiter verließ die Firma und hatte ‚zum Ausstand' eingeladen. Querbeet – Mitarbeiter, Kollegen, Vorruheständler und Pensionäre bis hin zum Betriebsleiter. Ein strahlendes Fest im Grünen mit großem Büffet – und viele waren gekommen, um dem beliebten Gastgeber und langjährigem Kollegen Glück zu wünschen für seinen neuen Start.

Plötzlich tauchte ein Kollege auf mit zwei Kindern im Gefolge – ein hochaufgeschossenes Mädchen und ein etwa 10jähriger Junge – und ging auf den Gastgeber zu: „Zwei russische Kinder, die bei mir Ferien machen und denen ich gerade etwas gezeigt habe – ich hoffe, Sie haben nichts dagegen, dass ich sie mitgebracht habe ...“ erklärte er. Natürlich gab es keinen Einwand – und die Geschichte, die er dann erzählte, war ungewöhnlich.

Zu seinen Aufgaben gehörte die Betreuung von Delegationen russischer Ingenieure, die jeweils von einer eigenen Dolmetscherin begleitet wurden. Er hatte diese Frau aus dem fernen Sibirien schätzen gelernt – und als sie einmal von ihren Kindern erzählte, hatte er ihr angeboten, diese ihre Kinder doch einmal in den Ferien zu ihm und seiner Familie zu schicken. Von Jekaterinburg in Sibirien nach Hanau in Deutschland – und mit der Einladung hatte er zugleich die Flugkarten geschickt, die für die Frau unerschwinglich gewesen wären. Und nun genossen das 18-jährige Mädchen und der kleine Bruder Ferien in einer Familie und die Möglichkeiten einer Welt, die sie nur aus Erzählungen und vom Fernsehen kannten. Und alle, die zuhörten, fanden dies großartig – und waren insgeheim wohl sogar mehr oder wenig neidisch auf das, was dieser Mann tat. Und einer kommentierte bewundernd: „Und sogar die Flugkarten haben Sie für die beiden bezahlt!“ „Und warum denn nicht?“ war die Antwort, „ich werde doch einmal nichts mitnehmen können ...“ Eine kleine, gleichsam hingeworfene Randbemerkung – und doch soviel an Tiefe, Lebenseinstellung und Verhältnis zum Geld umfassend – und an praktiziertem „Neuen Testament“.

Wir alle hatten unsere Freude daran, wie gut es sich diese unerwarteten Gäste schmecken ließen und einige freuten sich besonders, sich mit dem englischsprechenden Mädchen ein wenig zu unterhalten. Eine Erinnerung an freundliche Deutsche und herzliche Aufnahme, die sie und ihr Bruder mitnehmen konnten.

Ich weiß nicht einmal, ob der Gastgeber dieser beiden Kinder ein entschiedener Christ – und das heißt für mich: „mehr als ein pünktlicher Kirchensteuerablieferer“ – war. Wer von Ihnen im Arbeitsprozess steht, der weiß doch, wie selten in der Regel darüber gesprochen wird, ob überhaupt und dann was und wie engagiert Arbeitskollegen glauben. „Glauben“ in Gesprächen am Arbeitsplatz – das ist doch fast ein Tabu und große Ausnahme.

Aber seine Handlungsweise strahlte genau das aus, was Paulus meint, wenn er in seinen Briefen immer wieder darauf zurückkommt, dass Christen die erfahrene Liebe Jesu sichtbar werden lassen sollen in ihrem Handeln.

Nicht das Reden von dem, was Christen tun sollen oder sollten verändert die Welt oder unsere Gesellschaft, sondern das beherzte Tun von einzelnen. Und solches beherzte Tun steht dann für die Glaubwürdigkeit der christlichen Botschaft, wo immer es von Christen praktiziert wird. Glaubwürdigkeit eines „Gutes zu tun“ und eines „Mitzuteilen“, wie es hier eine Mutter in Sibirien für ihre Kinder erfahren hat. Sie werden einwenden, dass sich nur wenige solche großzügigen Einladungen mit hohen Kosten für Flugtickets leisten können und auch nur wenige die Kontakte haben, die so etwas ermöglichen.

Müssen Sie dafür aber in fremde Länder gehen und Gäste von dort einfliegen lassen? Haben wir nicht Gäste und Hilfsbedürftige hier bei uns, an denen wir Jesu Wort verwirklichen können, das er an den Schluss der bekannten Geschichte vom ‚Barmherzigen Samariter‘ stellt: „Du aber gehe hin und tue desgleichen!“

Und es sind doch beileibe nicht nur die Armen und sogenannte Randsiedler der Gesellschaft, die hilfsbedürftig und dankbar sind für ein freundliches Wort der Anerkennung, für ein Zuhören und für ‚Ernstgenommenwerden‘, wenn sie von ihrem Kummer sprechen möchten und von dem, was sie bedrückt und belastet. Und denen dann die Einladung zu einem befreienden Gespräch oder auch ‚nur‘ zu einem Miteinander besonders viel bedeutet. Das können ganz genauso Arbeitskollegen, Nachbarn, die Verkäuferin im Geschäft oder Menschen aus der großen Zahl derer sein, deren Dienstleistung wir als selbstverständlich erwarten – die wir aber in der Regel nur schemenhaft wahrnehmen, wenn sie für uns ‚ihre Funktion erfüllen‘.

Etwas Entscheidendes aus dieser Erfahrung mit den russischen Kindern, was ich persönlich als großartig und beispielhaft empfand, war die Überwindung der Anonymität. Mir bedeutet das „Erleben des Gegenübers“ sehr viel mehr als die Ausfüllung anonymer Spendenüberweisungen, weil es mich anregt, bisher bewusst oder unbewusst gepflegte Vorstellungen oder gar Vorurteile zu überprüfen und zu korrigieren. Und weil es mich herausfordert, Neues zu entdecken in einem Gegenüber, das mir bisher etwa als ausländischer Arbeitskollege oder als sehr zugeknöpfter und kontaktscheuer Nachbar fremd und deshalb in vielem schwer verständlich war. Und solches

Kontaktaufnehmen mit einem Fremden oder einem mir bisher Gleichgültigen als Gegenüber mit seinen Erfahrungen und seinen Schwierigkeiten, mit seiner oft ganz anderen Sicht von Problemen, die mich belasten und mit denen ich nicht fertig werde, regt an zum Nachdenken. Gegebenenfalls auch zum Nachdenken darüber, wie und womit ich wohl helfen könnte, aber auch zu Überlegungen, was wir gemeinsam haben und was wir vielleicht gemeinsam unternehmen könnten. Ich bin überzeugt, dass es in unserem Land viel gastlicher und zugleich viel ‚christlicher' zugehen würde, wenn viele Christen den Mut aufbringen würden, Hemmschwellen der Anonymität zu überwinden, auf andere zuzugehen, sie vielleicht sogar einzuladen und so besser kennenzulernen.

Das Gästebuch unserer Familie, das wir seit unserer Hochzeit vor mehr als 40 Jahren sehr gewissenhaft geführt haben, enthält viele Namen von Fremden, die wir auch unter sehr bescheidenen äußeren Umständen an unsern Tisch eingeladen haben und die wir, soweit es in unsern Kräften stand, „Angenommensein" erleben ließen. Wir sind dadurch sehr viel reicher geworden – und aufgrund dieser eigenen Erfahrungen habe ich mich dem Gastgeber der beiden russischen Kinder und früheren Kollegen sehr nahe gefühlt. Ich möchte Ihnen Mut machen, es uns und ihm nachzumachen – in dem Rahmen und mit den Möglichkeiten, die Ihnen gegeben sind.

Überlegen Sie einmal, auf wen Sie zugehen könnten, wer sich darüber freuen könnte – und wen Sie damit sogar überraschen würden, weil er es Ihnen bestimmt nicht zutraut. Und dann tun Sie es über alle Hemmschwellen hinweg.

PS: Wir freuen uns sehr darauf, zu diesem ‚Weihnachtsfest 2011' eine junge evangelische Pastorin aus dem chinesischen Nanjing/Nanking bei uns zu haben, die zum ersten Mal – und als erste Pastorin aus Nanjing überhaupt! – ‚im Westen' ist. Sie ist sehr glücklich über diese Einladung – und wir haben keinen Zweifel daran, dass die Gemeinschaft mit dieser jungen Frau uns und unsere Kinder, die dann auch bei uns sein werden, bereichern wird.

5.2 Verhalten einer vorbildlichen Gemeinde in Verfolgung

2.Thessalonicher 1,3-5+11-12 (Einheitsübersetzung)

Wir müssen Gott euretwegen immer danken, Brüder, wie es recht ist, denn euer Glaube wächst und die gegenseitige Liebe nimmt bei euch allen zu.
Wir können in den Gemeinden Gottes mit Stolz auf euch hinweisen, weil ihr im Glauben standhaft bleibt bei aller Verfolgung und Bedrängnis, die ihr zu ertragen habt. Dies ist ein Anzeichen des gerechten Gerichts Gottes; ihr sollt ja des Reiches Gottes teilhaftig werden, für das ihr leidet.
Darum beten wir auch immer für euch, dass unser Gott euch eurer Berufung würdig mache und in seiner Macht allen Willen zum Guten und jedes Werk des Glaubens vollende.
So soll der Name Jesu, unseres Herrn, in euch verherrlicht werden und ihr in ihm, durch die Gnade unseres Gottes und Herrn Jesus Christus.

Eine Supergemeinde, für die ein großer Kirchenführer Gott dankt und die er anderen Gemeinden als Vorbild vorstellt – wer möchte nicht Glied in einer solchen Gemeinde sein? Eine Gemeinde, in der ich ganz zu Hause sein kann, in der ich mich angenommen weiß, auch mit meinen Macken und Defiziten, wo ich mitfeiern und mitarbeiten kann, wie es mir zumute ist, wo ich mich ganz einbringen kann – das wäre doch etwas – einfach eine Traumgemeinde. Und wenn man entsprechenden Berichten Glauben schenken darf, dann soll es ja irgendwo in den USA auch solche Gemeinden geben – Gemeinden, denen anzugehören richtig stolz machen kann mit einem Button am Revers oder Kleid: Mitglied der Supergemeinde ‚Jesus siegt!'

Aber einer solchen Gemeinde anzugehören, das ist – so sagt unser Text – nicht zum Nulltarif zu haben. Die Adressaten unseres Textes müssen dafür Benachteiligungen und Verfolgung auf sich nehmen, werden von der Gesellschaft gemieden und ausgegrenzt: Es sind ‚diese Christen', mit denen niemand etwas zu tun haben möchte – ‚Christen', die man öffentlich ins Abseits stellt und insgeheim bewundert wegen ihrer Standhaftigkeit Und damit sind wir bei den Verhältnissen, wie sie jahrzehntelang in der damaligen DDR herrschten Wo es in der Anfangszeit des dortigen ‚Kirchenkampfes' viele tapfere Gemeinden gab, für die die in unserem Text angesprochenen Merkmale wohl zutrafen - und wo es am Ende nur noch ganz wenige waren, die in ihrer Standhaftigkeit und Treue überlebt hatten.

Wenn ich diesen Text lese, dann frage ich: Gibt es im heutigen Deutschland überhaupt noch Gemeinden, die richtige Adressaten für diesen Brief wären? Beschreibt er nicht vielmehr sehr zutreffend die Situation christlicher Gemeinden in Pakistan und Indonesien, in Indien oder Sri Lanka, in Laos, Nepal oder anderen Ländern, wo Christen um ihres Glaubens willen bedrängt und verfolgt werden?

Wie würde ich mich wohl in einem Gottesdienst in Pakistan, Indonesien oder Ägypten fühlen, wenn jederzeit Handgranaten durch Fenster und Türen hineinfliegen oder um sich schießende Terroristen hereinstürmen könnten? Wenn ich in einer Gemeinde in Indien im Gottesdienst vergeblich auf den Pastor warten müsste, der auf dem Wege zum Gottesdienst überfallen und vielleicht gar ermordet worden wäre? Wenn bei einem Gottesdienst in einer als illegal angesehenen Kirche in China alle Teilnehmer von der Polizei abtransportiert würden, ich als Ausländer aber wohl gerade noch mit einer scharfen Verwarnung davonkäme?

Verglichen mit diesen harten Realitäten gibt es doch im heutigen Deutschland kein irgendwie geartetes Risiko, seinen christlichen Glauben offen zu bekennen. Vielleicht ein verhaltener oder offener Spott am Arbeitsplatz, in der Clique bei Jugendlichen und vielleicht sogar Mobbing in der Schule. Sicher – und für empfindliche Gemüter belastend – der Spott intellektueller Atheisten in Theaterstücken oder von ihnen beeinflussten Medien. Berechtigte Klagen darüber, dass Richter mit Verunglimpfern des christlichen Glaubens sehr viel nachsichtiger umgehen als mit Verächtlichmachern anderer Religionen – und bisher noch als Einzelfälle Bedrohungen durch militante Muslime. Aber ist das alles schon Verfolgung? Wenn hierzulande Christengemeinden auf hohem Niveau klagen, dann vermitteln sie der Öffentlichkeit in allererster Linie den Eindruck, als ob es ihnen ausschließlich um fehlendes Geld .ginge und dass alles bestens sein würde, wenn nur genug davon verfügbar wäre. Also kein Text für Christen im heutigen Deutschland? In einem Punkt ganz sicher nicht: Paulus dankt Gott für die Gemeinde in Thessaloniki und rühmt sie in anderen Gemeinden als vorbildlich wegen ihrer Standhaftigkeit unter dem Druck der Verfolgung. Unsere Kirchen tun eher das Gegenteil: Sie schämen sich der verfolgten christlichen Gemeinden und verstecken sie. Beim Evangelischen Kirchentag in Hannover etwa waren gerade jene Muslime, Buddhisten und Hindus, in deren Heimatländern Christen unterdrückt und verfolgt werden, eingeladen, ihren Glauben darzustellen und dazu einzuladen. Für die verfolgten Christen selbst hatte man keinen Platz, denn ihre Gegenwart hätte das ‚interreligiöse Gespräch und Miteinander' doch nur stören und belasten können! Ich habe mich dafür geschämt!

„Anziehen" können wir uns als Christen in Deutschland sicher die Verse 11 und 12 unseres Textes: Beten für unsere Geschwister in ihrer Bedrängnis – „damit in ihnen verherrlicht werde der Name unseres Herrn Jesu und sie in ihm".

Darüber hinaus fordert dieser Text ‚zwischen den Zeilen' sehr deutlich auf, darüber nachzudenken, wie viel denn bei uns noch zu finden ist von jener Geduld, jenem Glauben und jener gegenseitigen Liebe, die Paulus bei den Christen in Thessaloniki: rühmt: ‚Missionarische Ausstrahlung' würden wir dies heute in einer gerne gebrauchten Kurzbezeichnung nennen – wobei es dann allerdings auch schon Christen gibt, die bei dem heute in den Medien diskriminierten und deshalb als ‚anrüchig' und ‚theologisch nicht mehr korrekt' betrachteten Wort ‚Mission' eher die Nase rümpfen möchten. Blühen die von Paulus bei den Christen in Thessaloniki als so vorbildlich gerühmten Eigenschaften in unseren heutigen Gemeinden eigentlich nur noch – oder besonders sichtbar – in Zeiten äußerer Bedrängnis und drohen sie in Zeiten äußeren Wohlergehens zu verkümmern? Was würde Paulus heute wohl in einem solchen Brief an eine Durchschnittsgemeinde in Deutschland schreiben? Wofür hätte er da wohl zu danken und was hätte er da zu rühmen? Etwa an die Gemeinde, der Sie angehören? Als Denkanstoß dazu möchte ich Ihnen nahelegen, einmal im 2. und 3. Kapitel der Offenbarung die Sendschreiben an die 7 Gemeinden in Kleinasien zu lesen. Mit welcher dieser 7 Gemeinden im Kleinasien um die Wende des 1. zum 2. Jahrhundert würden Sie Ihre Gemeinde vergleichen? Und was – und dies wird dann die eigentliche Frage an Sie aus dieser Textauslegung – könnten oder möchten Sie tun, dass es anders wird?

6. Ökumene und Fremdreligionen

6.1 Wie weit trägt „... damit sie alle eins seien"?

Johannes 17,21a

„Damit sie alle eins seien" – dieses aus dem Textzusammenhang gerissene Wort Jesu wird in christlichen Kirchen immer wieder als Auftrag, ja geradezu als „Gebot" Jesu herausgestellt, zu einer auch nach außen sichtbaren Einheit zu kommen. Aber wenn man dieses Wort zitiert als Aufruf zur Sammlung zerstreuter und sich streitender Christen und damit als ein kirchenpolitisches Programm, dann muss man doch zuerst in die Situation hineingehen, in der Jesus es ausgesprochen hat. Und erst danach kann man fragen, ob überhaupt und inwieweit es für unsere Situation zutrifft.

Dabei erscheinen mir drei Zusammenhänge als besonders wichtig: Zum einen ist es der Textzusammenhang, aus dem es entnommen ist und der im Johannes-Evangelium eine ganz besondere Bedeutung hat.

Zum anderen ist es die Einbindung dieses Wortes ein Evangelium, das für die sogenannten ‚Johanneischen Gemeinden' geschrieben ist und das deshalb ganz bestimmte Aspekte des Wirkens Jesu herausstellt.

Und zum dritten denke ich an mögliche Parallelen zwischen der Stellung Jesu zu den innerjüdischen Auseinandersetzungen seiner Zeit und an aktuelle Auseinandersetzungen zwischen christlichen Konfessionen und Gruppen.

Vom Textzusammenhang her ist unser Text Teil des sogenannten „Hohepriesterlichen Gebetes" Jesu, mit dem der oder die Verfasser des Johannes-Evangeliums ihren Bericht über das öffentliche Wirken Jesu im Volke Israel. abschließen. Dieser Bericht wirkt wie eine Art „Rechenschaftslegung" Jesu, in der er darlegt, wie er den Auftrag seines himmlischen Vaters ausgeführt und weitergegeben hat an die Menschen, die ihm der Vater „aus der Welt heraus" anvertraut hat. Es ist ein sehr liebevoll formuliertes Fürbittgebet für diese Menschen – und Jesus weitet seine Fürbitte dann aus auf die, die durch das Wirken dieser ersten Zeugen noch zum Glauben kommen werden. Und in diese umfassende Fürbitte gehört dann auch die Einzelbitte „damit sie alle eins seien“ und damit ihr ‚Einssein’ das ‚Einssein’ Jesu mit seinem Vater widerspiegelt. Dieses Einssein der ihm anvertrauten Menschen untereinander soll zugleich Vorwegnahme sein für das Einssein, das Jesus selbst mit ihnen erfahren möchte: „Vater, ich will, dass jene, die du mir gegeben hast, dort bei mir sind, wo ich bin, damit sie meine Herrlichkeit schauen ...“.

Als Teil eines Fürbittgebetes, ist dieses „damit sie alle eins seien“ eben keine Forderung an Menschen, die Jesu folgen. Es bedeutet vielmehr, dass solches Eins-Sein letztlich in Gottes Hand liegt. Er allein verfügt darüber – und es ist eben nicht ‚Auftrag und Gebot’ für Menschen, die Gott Jesus gegeben hat. Die Berichte der Evangelien zeigen, dass Jesus sehr wohl zu unterscheiden weiß zwischen Menschen, die ihm der Vater gegeben – wir möchten vielleicht sagen „anvertraut“ hat und anderen, die ihm nachlaufen und sich äußerlich mit seinem Namen schmücken oder die ihn für sich vereinnahmen möchten. Zwei Beispiele veranschaulichen dies in aller Deutlichkeit: Zum einen jene Szene, als Jesu Mutter, Geschwister und Verwandte kommen, um ihn heimzuholen in den Kreis ihrer Familie und er sie zurückweist mit dem Wort: „Die den Willen tun meines Vaters im Himmel, das sind meine Brüder und Schwestern!“ Zum andern die von Matthäus so eindringlich geschilderte Szene des Jüngsten Gerichtes, in der auch viele ‚Namenschristen’ unter das „Geht weg von mir!“ Jesu fallen und der ewigen Pein überantwortet werden.

Beide Beispiele stehen für die in der Geschichte christlicher Theologie angesprochenen Unterschiede zwischen der ‚unsichtbaren Kirche’ derer, die Jesus aus allen Kirchen und Konfessionen in seine Nachfolge berufen hat – und der ‚Sichtbaren Kirche’ derer, die sich als Kirchenmitglieder oder gar als ‚Kirchliche Amtsträger’ auf Jesus berufen. Jesus allein ist es, der entscheidet, wer zu ihm gehört oder gehören wird. Und das sind die, die ihm der Vater gegeben hat und denen diese Fürbitte „...damit sie alle eins seien“ gilt.

Damit kommt die besondere Bedeutung dieser Fürbitte in diesem Evangelium für die sogenannten Johanneischen Gemeinden als Adressaten zur Geltung. Nach unserem heutigen Kenntnisstand waren diese Gemeinden ein kleiner Teil der frühen christlichen Kirche und litten gleichzeitig unter äußerer Verfolgung und innerer Zerrissenheit. Unter äußeren Druck gesetzt von Juden und konkurrierenden Christengemeinden und innerlich zerrissen durch das Auftreten von Leuten, die eine damals sehr verbreitete Gebrauchsphilosophie, die sogenannte ‚Gnosis', mit christlichem Gedankengut vermischten und so die von Jesus her überkommene Lehre aushöhlten und infrage stellten. Diese Erfahrung einer äußersten Bedrohung findet etwa auch ihren Ausdruck in den Johannes zugeschriebenen Briefen, in denen vor Irrlehrern und Gemeindespaltungen gewarnt und die Einheit im Glauben beschworen wird. Für Gemeinden, die sich in solcher Anfechtung von außen und innen her sahen, war das „Hohepriesterliche Gebet" Jesu mit der Fürbitte für die Menschen, die Gott selbst seinem Sohn Jesus gegeben hat, eine Quelle des Trostes und der Zuversicht und Bestätigung ihrer Glaubensgewissheit.

Bei diesen in ihrem äußeren Erscheinungsbild sicherlich armseligen und ganz und gar nicht attraktiv wirkenden Gemeinden haben wir wohl eine Vergleichssituation zu Gemeinden, die im Verlauf der Kirchengeschichte von den jeweiligen Großkirchen und dann auch von Herrschern unter Berufung auf die jeweils geltende christliche Lehre verfolgt wurden, wozu dann später Gemeinden unter der Diktatur Stalins und Mao-Tse-Tungs .kamen Aber man kann diese Gemeinden auch vergleichen mit frühen freikirchlichen Gemeinden von den frühen Täufern über Baptisten, Methodisten und bis hin zu Pfingstlern, die ebenfalls Verfolgung und Unterdrückung erleiden mussten.

Heute reicht die Bedeutung der Fürbitte, die Jesus in seinem Hohepriesterlichen Gebet für die Menschen, die ihm der Vater gegeben hat, vorträgt, weltweit und weit über die etablierten Kirchen in Europa und Nordamerika hinaus: Sie gilt insbesondere den Gemeinden in der islamischen Welt, in .Indien, Vietnam, Nordkorea und in Teilen Chinas. Sie alle sind uns nahe in ihrem Eintreten für den Glauben an den auferstandenen Herrn Jesus Christus, der auch aus ihren Reihen die zu sich geholt hat, die ihm der Vater gegeben hat.

Wir kennen solche äußere Bedrohung seit vielen Jahren nicht mehr – aber wir wissen aus den letzten Jahrzehnten in unserem Land um die ‚schiefen Ebenen' einer Vermischung von christlichem Glaubensgut und den Wellen neuer philosophischer Lehren. Mag auch das Wort ‚Irrlehre' heute bei uns verpönt sein und einen sehr altmodischen Klang haben – die Sachverhalte, wie christliches Glaubensgut in Frage gestellt und unterminiert wird, sind auch für uns aktuell und lassen uns so den Johanneischen Gemeinden nahe sein im Verständnis ihrer Schwierigkeiten mit Irrlehren und Irrlehrern.

Und damit kommen wir zu dem dritten Punkt, den ich ansprach: Wie hat Jesus selbst in der Zeit seines Wirkens solches „... damit sie alle eins seien" wohl gesehen und welche Schlüsse können wir daraus ziehen für das rechte Verständnis und ein ehrliches Berufen auf dieses Wort?

In der Verkündigung aller Kirchen wird heute darauf hingewiesen, dass wir Jesus sehen müssen als Glied seines Volkes, d. h. als zutiefst gläubigen Juden, der seine Sendung darin sieht, Umkehr und erneute Hinwendung des Volkes Israel zu einem rechten Verständnis seiner Erwählung und des ihm gegebenen Gesetzes zu bewirken. Dabei ist das jüdische Volk, in das er hineingeboren wird, in einer Weise zerspalten und zerstritten, die erstaunliche Parallelen aufweist zu dem Erscheinungsbild, das in unsern Tagen ‚die Christenheit' bietet.

Pharisäer, Sadduzäer, Essener und dazu kleinere Gruppen und Verfechter politischer und ‚moderner Theologien' – heillos zerstritten, aber alle mit der Behauptung, das von Gott an Moses gegebene Gesetz zu erfüllen und jeweils besser zu erfüllen als die jeweiligen Konkurrenten oder Gegner. Der Vergleich zu etablierten Kirchen und der Vielzahl einzelner christlicher Gruppen unserer Tage – auch hinsichtlich der Berufung auf unterschiedliche und ehrwürdige Traditionen und ein besonderes ‚bibel- und bekenntnistreu' – drängt sich geradezu auf. Und den Fanatikern und Fundamentalisten auf der einen Seite des Spektrums des Judentums zur Zeit Jesu stehen auf der anderen Seite ‚Auslandsjuden' und Konvertiten aus der ganzen bekannten Welt gegenüber – Juden, die *z.* T. schon seit Jahrhunderten in der ägyptischen, kleinasiatischen, griechischen, römischen oder persischen Diaspora ansässig sind und die das Gedankengut ihrer Gastländer in ihr persönliches Denken aufgenommen und oft auch in die Betrachtung und Ausübung ihres jüdischen Glaubens eingebracht haben. Solche ‚Auslands-Juden; kamen zu großen Festen oder längeren Aufenthalten nach Jerusalem oder ließen sich als ‚reiche Pensionäre' hier sogar auf Dauer nieder.

In diese Welt so vieler widerstreitender Anschauungen, Traditionen und unterschiedlicher kultureller Ausprägungen kommt Jesus als Messias. Und seine Botschaft an sein Volk lautet eben nicht „Juden aller Konfessionen und Traditionen, vereinigt euch! Werdet eins und lasst eure Streitigkeiten, theologischen Spitzfindigkeiten und politischen Wunschträume hinter euch!" und dann weiter gesteigert zu einem „Werdet eins und sammelt euch zu einer machtvollen jüdischen Glaubensbewegung im ganzen römischen Reich und darüber hinaus bis an die Enden der Erde!"

Gott hat seinem Sohn Jesus eben nicht den Auftrag gegeben ein „... damit sie alle eins seien" für das von ihm auserwählte Volk Israel auszurufen. Jesus betont immer wieder „zu den Kranken geschickt zu sein, während die Gesunden des Arztes nicht bedürfen", sowie „zu den verlorenen Schafen des Hauses Israel, die sich in der Einöde verlaufen haben". Zu den Menschen, die aus der religiös etablierten und sich so selbstzufrieden und gerecht fühlenden Gesellschaft der Rechtgläubigen ausgegrenzt worden sind. Solchen Menschen gibt er die persönliche Chance, in ihm und durch ihn Gottes Liebe zu erfahren – und er ruft sie als einzelne in seine Nachfolge. Und für so von ihm und von Jüngern und Verkündigern in seinem Namen Angesprochene und ‚Herausgerufene' greift dann seine Fürbitte des Hohepriesterlichen Gebetes – der Bewahrung vor dem Bösen ebenso wie das, „damit sie alle eins seien".

Womit begründen Vertreter und Amtsträger von Großkirchen, kirchlichen Organisationen und Gemeinschaften die Vermutung, dass sie sich bei Zusammenschlüssen ihrer Organisationen und Institutionen auf dieses Wort Jesu als ‚Gebot und Auftrag' berufen können? Eine Behauptung, dass alle Mitglieder von Kirchen und kirchlichen Gruppen, die sich in unserem Lande als ‚Christen' bezeichnen, solche ‚von Gott herausgerufenen' Menschen seien, für die das in Jesu hohepriesterlichem Gebet Gesagte zutrifft, ist doch zumindest sehr gewagt. Und sollte Jesu klare und sehr nüchterne Aussage „es werden nicht alle, die zu mir sagen 'Herr, Herr' in das Reich der Himmel kommen" heute nicht mehr gelten? Ich sehe es als eine unzulässige Interpretation an, wenn sich Sprecher von Großkirchen und kirchlichen Organisationen auf diese

Fürbitte Jesu für bedrängte und verfolgte Christen berufen, um damit ‚Einheit' und ‚Vereinheitlichung' und den Zusammenschluss zu noch größeren und leistungsfähigeren Organisationen und Kirchen bis zum Endziel einer ‚Einheitskirche' zu fordern. Wer so etwas fordert, der sollte auch den Mut haben, die damit verbundenen politischen und machtpolitischen Ambitionen anzusprechen, die er damit verbindet – wie etwa bessere Möglichkeiten des Widerstandes gegen einen immer aggressiver um sich greifenden Islam.

Die fast 2000jährige Geschichte der sich auf Christus berufenden Kirchen kennt leider vielerlei Beispiele, wo Forderungen nach ‚Einheit' und ‚Eins Sein' gebraucht und missbraucht wurden, um Andersdenkende und in Einzelfragen Andersglaubende zum Schweigen zu bringen, auszugrenzen und gnadenlos zu verfolgen. Und als Verbrennungen von Ketzern nicht mehr praktiziert werden konnten, wurden Abweichler, die gegen das Gebot der ‚Einheit' und des ‚Eins Seins' verstießen, ausgegrenzt und herausgeworfen.

Wenn es zu tragfähigen Zusammenschlüssen von Gemeinden oder auch kleineren Kirchen kommen konnte, dann war Voraussetzung dafür, in gegenseitiger Rücksichtnahme und geschwisterlicher Liebe miteinander umzugehen und ein großes Maß an Bereitschaft, auch unterschiedliche Schwerpunktsetzungen auszuhalten sowie: Nebensächlichkeiten als Nebensächlichkeiten stehen zu lassen und nicht in den Rang von Identitätsmerkmalen zu erheben oder Traditionen in den Rang von Glaubensnotwendigkeiten.

Ein ;Eins-Werden' derer, die der Vater seinem Sohn gegeben hat, die Jesu Zeugen sein und seine Gemeinde bauen sollen, liegt nicht in unserem Zugriff und kann von uns nicht gemacht oder erzwungen werden und schon gar nicht mit großartigen Planungen von Kirchenzusammenschlüssen über die Köpfe der Mitglieder hinweg. Es ist Geschenk, mit dem Gott beschenkt, wenn die Zeit dafür gekommen ist für Geschwister, die ihre Gemeinsamkeit im Glauben entdecken, für Gemeinden, in denen der Wunsch nach einem solchen ‚Eins-Werden' zu einer neuen Form des Umgangs miteinander führen kann, und vielleicht sogar für Gemeinden verschiedener Konfessionen, die mit Freude viel Gemeinsames entdecken im Glauben und in Möglichkeiten, dies in die Welt hinein sichtbar werden zu lassen. Zu allen solchen und vielfältigen anderen Formen eines ‚Eins-Seins' und ‚Eins-Werdens' können wir Gott um gutes Gelingen und um seinen Segen bitten.

6.2 Vollmacht der Verkündigung und der Streit um das wahre Evangelium

Galater 1,1-10 (rev. Lutherübersetzung 1984)

Paulus, zum Apostel berufen, nicht von Menschen oder durch einen Menschen, sondern durch Jesus Christus und durch Gott, den Vater, der ihn von den Toten auferweckt hat, und alle Brüder, die bei mir sind, an die Gemeinden in Galatien: Gnade sei mit euch und Friede von Gott, unserem Vater, und dem Herrn Jesus Christus, der sich für unsere Sünden hingegeben hat, um uns aus der gegenwärtigen bösen Welt zu befreien nach dem Willen unseres Gottes und Vaters. Ihm sei Ehre in alle Ewigkeit.
Ich bin erstaunt, dass ihr euch so schnell von dem abwendet, der euch durch die Gnade Christi berufen hat, und dass ihr euch einem anderen Evangelium zuwendet. Doch es gibt kein anderes Evangelium, es gibt nur einige Leute, die euch verwirren und die das Evangelium Christi verfälschen wollen. Wer euch aber ein anderes Evangelium verkündigt, als wir euch verkündigt haben, der sei verflucht, auch wenn wir selbst es wären oder ein Engel vom Himmel. Was ich gesagt habe, das sage ich noch einmal: Wer euch ein anderes Evangelium verkündigt, als ihr angenommen habt, der sei verflucht.
Geht es mir denn um die Zustimmung der Menschen, oder geht es mir um Gott? Suche ich etwa Menschen zu gefallen? Wollte ich noch den Menschen gefallen, dann wäre ich kein Knecht Christi.

Diese 10 Verse haben es wirklich in sich und ich kann mir nicht vorstellen, dass ein Kirchenmann oder ein Evangelist es wagen könnte, heute ähnlich zu formulieren. Denn: Ein 'der sei verflucht!' – das gehört sich doch seit Reformation und Gegenreformation nicht mehr in unserm Land. Und entscheidende Aussagen des christlichen Glaubens in drei Verse hineinzupacken – wer schafft das noch in einer evangelischen Kirche, der man nachsagt, dass sie aus einer Kirche des Wortes zu einer ‚Kirche der Wörter' geworden sei? Was also können wir heute anfangen mit diesem Text, in dem Paulus Gemeinden in einem Teil Anatoliens die Leviten liest? Wobei die Gesellschaft, in die hinein dieser Brief geschrieben wurde, erstaunlich viel gemeinsam hatte mit der, in der wir heute leben – allerdings mit dem entscheidenden Unterschied, dass es damals mit Risiken verbunden war, Christ zu werden und sich dazu zu bekennen.

Wenn ich versuche, aus diesem Text Wegweisung für uns heute herauszudestillieren, dann komme ich zu drei Aussagen, die Brücken schlagen in unser ‚Hier und Heute': die Frage nach der Bevollmächtigung und der Vollmacht der Verkündigung, das Festhalten am verkündigten Evangelium, um Zweiflern und Versuchern keine Angriffsmöglichkeiten zu bieten sowie Zuspruch von Gnade und Trost auch für Menschen, die in die Irre gegangen sind oder noch gehen.

Am Anfang steht die Frage nach der Bevollmächtigung. Warum betont Paulus seine persönliche Berufung zur Verkündigung des Evangeliums durch Jesus Christus selbst so stark, dass er daraus das Recht herleitet, Verkündiger abweichender Lehren, d. h. ‚eines anderen Evangeliums', zu verfluchen? Kirchengeschichtler erklären uns, dass es auch hier um jene Auseinandersetzungen zwischen Paulus und Verkündigern mit exklusiv jüdischem Hintergrund geht, die seine Berufung als Apostel nicht akzeptieren wollen. Ist die Erinnerung an solche Auseinandersetzungen und Fragen nach Bevollmächtigung und Vollmacht für uns nicht Schnee von gestern und allein noch von historischem Interesse? Wer sich mit Ökumene beschäftigt, mit den Gesprächen zwischen den großen und den kleinen christlichen Kirchen und Denominationen, der wird sofort erinnert: Es sind gerade Fragen der Berufung und Bevollmächtigung zum Dienst in der Verkündigung des Evangeliums und der rechten Feier und Verwaltung der Sakramente, die im Mittelpunkt vieler Gespräche und Auseinandersetzungen stehen. Wobei solche Auseinandersetzungen und solcher Streit gar nicht so spektakulär sein und soviel öffentliches Aufsehen erregen müssen wie etwa der Auszug evangelischer Kirchenvertreter aus einer Sitzung des ökumenischen ‚Rates der Kirchen' in Genf, als es regelrecht ‚Krach' gab zwischen Lutheranern und Orthodoxen. Solche Meinungsverschiedenheiten können – wie ich es einmal selbst erlebte – ganz unerwartet aufbrechen. In einem Telefongespräch mit dem Pfarrer der Bonner altkatholischen Gemeinde erwähnte ich so ganz nebenbei, dass meine Frau von unserm Bischof mit der Verwaltung der Sakramente und damit eben auch mit der Leitung der Feier des Heiligen Abendmahls beauftragt worden war. Und für mich ganz unerwartet entwickelte sich daraus ein theologischer Disput: Der altkatholische Pfarrer erklärte ganz entschieden, dass der methodistische Bischof eine solche Beauftragung auf keinen Fall hätte aussprechen dürfen, da er weder von der kirchengeschichtlichen Tradition noch von interkonfessionellen Konsenspapieren her das Recht dazu herleiten könne und dürfe. Und mit einem Mal stand dann die Frage im Raum: Wer oder was gibt einem Vertreter einer Kirche das Recht, darüber zu befinden, was der Bischof einer anderen Kirche darf und was nicht?

Mir zeigte diese Erfahrung: Der Streit um Vollmacht und Bevollmächtigung ist auch heute noch aktuell und wird – wie es der Eklat in Genf zeigte - genau so ernst genommen wie zur Zeit des Paulus. Schlimm und sehr schlimm wird es dann, wenn über dem Streit darüber, was von unterschiedlichen Kirchen als ‚rechtens' angesehen wird, der entscheidende Punkt in den Hintergrund gedrängt wird: nämlich, dass alle Verkündigung des Evangeliums im Auftrag und in Vollmacht des im Heiligen Geist gegenwärtigen Herrn Jesus Christus geschieht. So ist unser Text nicht nur sehr aktuell, sondern zugleich Mahnung an Christen, über den Umgang zwischen den Konfessionen untereinander nachzudenken.

„Wie konnte es dahin kommen, dass ihr all das vergessen habt, was ich euch verkündigt habe und dass ihr so anfällig geworden seid für das, was euch andere sagen?" – Diese Frage, die Paulus hier stellt, ist durch die Geschichte der Kirchen hindurch immer aktuell geblieben. Wie kommt es dazu, dass Menschen Gemeinden verlassen, in denen sie unter der Verkündigung des Wortes Gottes groß geworden sind und gelebt haben, um sich – wie es heute formuliert wird – ‚neu zu orientieren'? Was dann eben auch bedeuten kann, dass sie sich ganz aus Gemeinde- und Kirchenzugehörigkeiten verabschieden.

Nun sehen wir Fluktuationen zwischen christlichen Kirchen heute verständnisvoller, als es frühere Generationen taten – Begleiterscheinung eines Trends zur Ökumene hin und weg von einer Betonung der Unterschiede. Aber es sind ja eben nicht nur solche Fluktuationen. Das ‚Weggehen' von Christen aus ihren Gemeinden und Kirchen steht auch dafür, dass für sehr viele Christen Wissen um ihren Glauben verblasst und schließlich bedeutungslos wird. Das beginnt da, wo Wissen um die Bibel und um die Kernaussagen christlichen Glaubens nur noch bruckstückhaft vorhanden ist. Und das wird dann zu einer Frage, ob und wie Christen über ihren Glauben und über die Gemeinde oder Kirche, der sie angehören, Auskunft geben können. „Können Sie mir eigentlich erklären, was das Besondere Ihrer Evangelisch-methodistischen Kirche ist?“ ist eine Frage, die mir wieder und wieder gestellt wird und die aus dem Stand überzeugend zu beantworten einiges an gedanklicher Vorarbeit voraussetzt. Aber ich will lieber nicht darüber nachdenken, wie viele Glieder oder auch nur Kirchenangehörige unserer EmK diese Frage so ‚aus dem Stand' überzeugend beantworten könnten. Erst recht, wenn sie ihnen gestellt würde von einem sehr sendungsbewussten Mitglied einer der nach Deutschland hereindrängenden kirchlichen Bewegungen aus den USA oder aus Holland oder von Charismatikern, die von der Richtigkeit ihres eigenen Weges und Frömmigkeitsstils überzeugt sind.

Und wenn dann Vertreter von Islam, Buddhismus oder einer anderen Fremdreligion fragen nach dem, was für uns Mittelpunkt und das Wesentliche unseres Glaubens ist? Die fortschreitende Entwicklung der interreligiösen Gespräche zeigt immer deutlicher, was da auf uns zukommt und zukommen wird und wie wichtig es dann ist, Auskunft und Zeugnis über den eigenen Glauben geben zu können. Fazit ist – und da sind wir wieder mitten in unserm Text: Wo sich der Glauben und das Leben mit ihm und in ihm auflöst oder verblasst, so dass man ihn andern gegenüber nicht mehr überzeugend vertreten kann, da kann sich auch ein „anderes Evangelium“ einschleichen – ein Pseudoevangelium mit abweichenden Inhalten und Schwerpunktsetzungen, gegenüber dessen Verkündigern ein Paulus noch sein klares ‚der sei verflucht' sagen konnte.

Als Jürgen Rüttgers als Ministerpräsident von Nordrhein-Westfalen vor einiger Zeit in einem Interview erklärte, dass für ihn sein katholischer Glaube die beste aller Religionen sei, da ging ein Aufschrei durch die Medien, wie er denn so etwas behaupten könne. Und hierzulande wäre sicher „die Hölle los“, wenn ein christlicher Verkündiger mit den Worten des Apostels Paulus öffentlich ein „der sei verflucht“ äußern würde gegen missionierende Verkündiger anderer Evangelien, anderer Weltanschauungen und anderer Religionen, wie sie auf unseren Straßen und zunehmend selbst auf evangelischen Kirchentagen agieren.

Auch hier also ist das Anliegen unseres Textes hochaktuell: „Wie konnte es dazu kommen, dass ihr das vergessen habt, was euch als das rechte und heilbringende Evangelium verkündet worden ist?“

Und als das Wichtigste das, was in unserm Text am Anfang steht: Der

Zuspruch der Gnade Gottes und des Friedens, den nur Gott und Jesus Christus geben können in dieser bösen Welt. Diesen Zuspruch stellt Paulus seinem Brief voraus ungeachtet seiner großen Enttäuschung, die er durchblicken lässt in seinem ‚Wie konntet ihr nur!' – und die im weiteren Verlauf des Briefes immer wieder zum Ausdruck kommt.

Dieser Zuspruch, den wir heute in der Formulierung „Gnade sei mit euch und Friede von Gott unserem Vater und unserem Herrn und Heiland Jesus Christus" so häufig als Segenswunsch verwenden, wird dann ergänzt durch die Zusage der Verlässlichkeit: „Es gibt kein anderes Evangelium als das, das ich euch verkündigt habe!"

Was ich dann und ohne dem Text Gewalt anzutun ergänzen könnte: „Auch wenn ihr Galater verführt worden seid, wenn ihr jetzt auch noch in die Irre geht, weil euch falsche Verkündiger etwas vorgegaukelt haben: Die Gnade und den Frieden Gottes und unseres Herrn Jesus Christus, die will ich und die wollen auch meine Brüder im Glauben euch weiterhin und uneingeschränkt zusprechen!"

Und mit diesem Zuspruch trifft Paulus zugleich eine klare Einteilung: Gnade und Frieden für euch, die ihr verführt worden seid – aber Fluch über eure Verführer! Eine Einteilung, mit der zumindest Theologen heute größte Schwierigkeiten haben. Denn mit der sehr direkten Sprache des Paulus, der sich niemals scheut, Laster und Sünde beim Namen zu nennen, zu leben, das wird für Christen unserer Tage immer unangenehmer und als belastend empfunden. Ganz zu schweigen von der öffentlichen Entrüstung, die diese Sprache auslöst, wenn sie aus den ‚geschützten Kirchenräumen' hinausgetragen wird.

Aber wer und wo sind heute jene Verführer, die ein anderes Evangelium predigen und die hier von Paulus verflucht werden? Kirchengeschichtler versuchen zu erklären, was es auf sich hat mit dem ‚anderen Evangelium', vor dem Paulus hier warnt und um was für ‚Verführer' es sich handeln könnte. Aber wenn wir heute um uns schauen und fragen, wo denn nun ‚andere Evangelien als das, das Paulus gepredigt hat', anfangen, da wird es schon problematisch. Da wird dann sehr schnell gefragt, ob wir die Maßstäbe, die Paulus setzt, denn so einfach übernehmen können und ob sie nicht allzu zeit- und kulturbezogen sind, wie etwa seine strikte Verurteilung aller Formen von Homosexualität, von Ehebruch und vieles andere mehr. Und da fragen doch selbst Theologen, ob denn ‚das Grab wirklich leer war' und ob man denn heute noch davon reden könne, dass Jesus sich selbst geopfert habe und inwieweit das der Wille eines liebenden Vatergottes gewesen sein könne – Fragen und Zweifel, die für Paulus völlig unverständlich gewesen und die für ihn ganz sicher unter „ein anderes Evangelium verkünden" gelaufen wären. Und da kommt dann für Christen heute sehr schnell die Frage, wo denn nun eigentlich ‚andere Evangelien' anfangen. Und wer dann darüber entscheiden soll oder darf, wo Grenzen liegen und ab wann und wo sie überschritten werden. Solches Fragen ist unter Christen und zwischen Kirchen und Gemeinden heiß umstritten. Was sich dann auswirkt auf Bemühungen um ökumenische Annäherungen oder in jenen Auseinandersetzungen um die Frage, was denn nun ‚Fundamentalismus' sei und wie man ihn bewerten solle. Und gerade angesichts aller solcher Verunsicherungen zeigt sich: Richtungsweisung ist notwendiger denn je – und Richtungsweisung bietet letztlich doch nur das von Paulus verkündigte Evangelium.

So wenig ergiebig unser Text auf den ersten Blick erscheint – wenn man in ihn hineintaucht, dann entfaltet sich aus ihm heraus eine Problematik, die heute genauso aktuell ist wie im Jahre 52 oder 56, als dieser Brief geschrieben wurde.

Aber ehe wir über diese Schwierigkeiten lamentieren, dürfen wir uns daran freuen, wie Paulus den im Glauben unsicher gewordenen, den zweifelnden und den zur Annahme eines anderen Evangeliums verführten Christen in Galatien die Gnade und den Frieden Gottes zugesprochen und nicht eine ‚Rechtgläubigkeitsprüfung' an den Anfang gestellt hat. Am Anfang steht dieser Zuspruch und Segenswunsch – und dann erst kommt alles andere. Hier wirkt ‚Gottes vorlaufende Gnade', wie sie auch meine Evangelisch-methodistische Kirche im Auftrag unseres Herrn Jesus Christus verkündigt. Und diese Gnade steht über allen Zweifeln und Auslegungsunterschieden, über allen zwischenchristlichen Kontroversen und allen Verunsicherungen. Daran durften sich damals die Galater halten, und daran dürfen wir uns heute genauso halten und uns darin getröstet sehen. Und aus dem Wissen um diesen Zuspruch und diesen Trost kommt dann auch die Freude, anderen zu erzählen von dem, was uns als Christen im Aufblick zu Jesus leben und gerne leben lässt.

6.3 Auch auf ‚Tabufragen' muss geantwortet werden können

1. Petrus 3,15b–16a (Übersetzung „Hoffnung für alle")

Seid immer dazu bereit, denen Rede und Antwort zu stehen, die euch nach der Begründung eures Glaubens fragen. Seid dabei freundlich, aber vergesst nicht, welche Verantwortung ihr vor Gott habt.

Ökumene als Zusammenarbeit evangelischer, katholischer, orthodoxer und freikirchlicher Christen funktioniert immer besser: vor Ort, wo gemeinsame Veranstaltungen der Arbeitsgemeinschaft Christlicher Kirchen, wie die ökumenische Gebetswoche und die Nacht der offenen Kirchen Tausende anziehen, wo der Weltgebetstag der Frauen Christinnen aller Konfessionen vereint und wo sich auch zwischen Gemeinden unterschiedlicher Konfession freundschaftliche Beziehungen bis hin zu Partnerschaften entwickeln. Und auch ganz oben floriert Ökumene, wenn der Papst, der Ratsvorsitzende der EKD und der Vorsitzende der ACK geradezu wetteifern in Freundlichkeiten an die jeweils andere Adresse. Alles Entwicklungen, die vor einigen Jahrzehnten unvorstellbar gewesen wären. So weit, so gut – aber wie steht es um Fragen, die unbequem sind und zu denen keiner so gerne etwas sagen möchte, um nicht in den Ruf eines Störenfriedes zu geraten? Zwei miteinander zusammenhängende Erlebnisse, die meine Frau und ich im Sommer 2006 hatten, sind dafür symptomatisch. Im Frühsommer waren wir am Ammersee in Bayern und besuchten dort die Marienbasiliken von KLoster Andechs und von Diessen. Gewaltige Kirchen, die gleichzeitig die Macht der Römischen Kirche und die Pracht des Bayrischen Barock symbolisieren und die heute zugleich Gotteshäuser und touristische Anziehungspunkte sind von der Art, die man unbedingt ‚gesehen haben muss', wenn man denn schon in diese Gegend kommt. Gotteshäuser mit hoch aufragenden Altären, über denen Maria als Königin der Himmel thront – prachtvoll geschmückt und mit einem Jesuskind auf dem Arm. Dazu nicht weniger glanzvoll geschmückte Seitenaltäre mit lebensgroßen Figuren von Jesus, von vielen Heiligen und von Engeln in verschiedenen Ausführungen. Und Heere von Touristen aus Deutschland, Europa und Übersee, die dies alles in Form von Fotos, Bildern und Büchern mitnehmen als Darstellung ‚christlichen Glaubens'. Was – so fragten meine Frau und ich uns damals – sollen wohl Muslime denken, wenn sie in eine solche Kirche kommen? Maria als über allem thronende Göttin und Altäre mit vielen Götterbildern, zu denen gebetet wird, die angebetet werden? Müssen sie da nicht denken, dass der Koran Recht hat in seiner Warnung vor ‚Götzenanbetern'? Im Sommer waren wir dann mit chinesischen Studenten in Südösterreich, und dabei sind wir zusammen auch in einige Kirchen gegangen. Nun gehören in dieser Gegend lebensgroße vergoldete Heiligenfiguren gleichsam zum Standardinventar jeder Kirche – und je bedeutender die Kirche, desto größer und prachtvoller die Zahl und die Ausgestaltung dieser Figuren. Und selbst Seitenaltäre, die nur lokal bedeutsamen Heiligen gewidmet sind, quellen über von einer Prachtentfaltung, für die evangelischen Christen jedes Verständnis fehlt. Meine Frau und ich haben bewusst nicht die größten Kirchen besucht – aber natürlich fragten wir uns: Wie erklären wir Menschen aus einem anderen Kulturkreis, dass dies zwar auch ‚christlich' ist, dass dies aber auf keinen Fall unserem evangelischen Glaubensverständnis entspricht? In China gibt es eine alte Religion, die Tempel mit einer Vielzahl von Götterfiguren und Götterbildern kennt – und muss ein chinesischer Besucher hier etwa Vergleiche ziehen im Sinne eines ‚das Christentum präsentiert sich in seinen Kirchen doch mit Götterbildern ganz ähnlich wie unser Daoismus' in seinen Tempeln?

Ich habe deshalb an Bischof Klaiber geschrieben und ihn gefragt, wie man angesichts solcher Kirchen über den christlichen Glauben als Glauben an einen Gott – auch wenn er uns in dreierlei Gestalt begegnet – und angesichts des Bilderverbots der Bibel reden könne. Sehr fein und sehr dezent formuliert antwortete er, dass auch er Schwierigkeiten habe mit dem katholischen ‚Heiligenverständnis' und dass nach seinem Wissen gerade Chinesen schon von der Wortwahl her unterscheiden zwischen ‚Katholiken' und ‚Christen', womit sie mit ‚Christen' ausschließlich Protestanten meinen. Etwas, das wir bei einem späteren Besuch in China vollauf bestätigt fanden. Chinesen sind also sensibilisiert hinsichtlich der ins Auge fallenden Unterschiede in den Kirchen von Katholiken und Protestanten. Und Bischof Klaiber ergänzte, dass eben auch Buddhisten Buddhastatuen in vielfachen Variationen in ihren Tempeln aufstellen. Seinem Brief legte er eine Ausgabe einer mir bis dahin unbekannten ‚Ökumenischen Rundschau' bei mit dem Thema „Märtyrer und Heilige im ökumenischen Kontext". Besonders aufschlussreich war darin der Beitrag eines im ökumenischen Gespräch engagierten katholischen

Hochschulprofessors. Dessen sehr tiefgründigen Betrachtungen über die Unterschiede zwischen dem Anbeten eines Heiligen und dem Beten zu ihm sowie von vielfältigen Missverständnissen bei der Marienverehrung, die sich nicht nur bei Protestanten, sondern auch im katholischen Kirchenvolk finden, waren eigentlich nur für Theologen und für Laien, die mit dieser Theologensprache vertraut sind, bestimmt und verständlich. Als ich dies so fein und theologisch unangreifbar Formulierte gelesen und bedacht hatte, da fragte ich mich: Muss man wirklich schon ein Theologiestudium und viel Geschick im Entschlüsseln von Formulierungen haben, um sich bei diesem Punkt Heiligenverehrung und Marienanbetung durch die vielen Klippen von Missverständnissen und Volkskatholizismus theologisch einwandfrei und so, dass sich niemand verletzt zu fühlen braucht, hindurchzulavieren? Haben wir hier nicht ein Thema vor uns, um das ein normaler evangelischer Christ ohne Theologiestudium lieber einen großen Bogen machen sollte? Erfahrungen aus Gesprächen mit katholischen Christen mit und ohne Theologiestudium haben mir gezeigt, wie schwierig es ist, hier zu einer Annäherung zu kommen – und mein Eindruck ist, dass solche Gespräche einfach keinen Sinn machen und deshalb Theologieprofessoren überlassen bleiben sollten.

Nun können Sie sagen: Was soll mir das alles – ich habe wirklich nicht vor, mit Katholiken über Heiligenverehrung und Marienanbetung zu sprechen und kann mir auch nicht vorstellen, jemals in eine solche Situation zu kommen. Und schließlich muss ja wohl auch meine evangelische oder freikirchliche Kirche etwas dazu gesagt haben, auf das ich mich dann berufen kann.

Das ist schon richtig – aber es gibt durchaus Situationen, wo man mit solchen Fragen konfrontiert werden kann: dann nämlich, wenn man mit Muslimen oder anderen Nicht-Christen ins Gespräch kommt und von diesen darauf angesprochen und gefragt wird, was es mit all diesen Heiligen- und Marienfiguren in katholischen Kirchen auf sich hat und wie man selbst dazu steht. Mit der zunehmenden Zahl von Nicht-Christen um uns herum werden solche Gespräche immer öfter möglich – und wir sollten sie nicht abblocken oder zurückweisen, weil jedes derartige Gespräch ja auch eine ‚missionarische Chance' beinhaltet – die Chance, fragende Menschen für unseren christlichen Glauben zu interessieren.

Nun gibt es einen einfachen, aber doch oberflächlichen Weg, eine Erklärung in Distanz zur katholischen Kirche und ihrer Prachtentfaltung zu geben: Indem man nämlich erklärt, dass diese Kirche – seit sie im Römischen Reich Staatskirche geworden war – zunehmend Gefallen an der Macht fand und eine Hierarchie aufbaute, mit der sie sich mehr und mehr den einfachen Christen entfremdete. Und deren Auftreten und deren Forderungen schließlich gar nichts mehr gemein hatten mit den Erklärungen im Neuen Testament, wie Christen und christliche Gemeinden leben sollten. Dann kann man weiter erklären, dass die Reformation und das Aufkommen der evangelischen Kirchen geradezu zwangsläufig war als Aufschrei der sich unterdrückt fühlenden Christen gegen dieses Selbstverständnis der römischen Kirche. Und als Mitglied einer Freikirche kann man dann weiter erklären: Als auch die evangelischen Kirchen Gefallen an der Macht fanden und auch nicht mehr die Erwartungen mündig gewordener Christen erfüllten, da kamen dann die Freikirchen auf, deren Begründer aufstanden gegen Machtansprüche und Gleichschaltungszwänge evangelischer Staatskirchen. So leicht und so einfach und nachvollziehbar geht das – aber wem ist damit gedient oder geholfen? Natürlich kann ich damit erklären, dass meine eigene Freikirche an der Spitze einer geschichtlichen Entwicklung des Christentums steht – aber habe ich damit die Fragen meines Gesprächpartners so beantwortet, dass ich ihm christlichen Glauben als einladend nahegebracht habe und ihn dafür gewinnen konnte, sich damit näher zu beschäftigen? Und habe ich ihm damit etwas erklärt von Sinn und Zielsetzung ökumenischer Zusammenarbeit?

Wie können wir also angemessen antworten, wenn wir von Nichtchristen angesprochen werden auf die ins Auge fallenden Unterschiede dazu, wie katholische Christen als Ausdruck ihres Glaubens Jesus- und Marienfiguren verehren, solche Figuren bei Fronleichnamsprozessionen durch die Straßen führen – und dann immer wieder eine Prachtentfaltung ihrer Kirchenoberen demonstrieren, der evangelische Christen nichts entgegenzusetzen haben - etwas, das in anderen äußeren Formen dann auch für die orthodoxen Kirchen gilt? Ein schwieriges Gebiet und Fragen, die sehr aktuell sind – gerade im Hinblick darauf, dass ein wie ein mittelalterlicher Herrscher auftretender Papst von immer mehr Nichtchristen als der Repräsentant ‚aller Christen' angesehen wird. Nun kann ich natürlich sagen, dass hier Nachholbedarf besteht für evangelische Kirchen insgesamt und für Freikirchen im Besonderen, sich mit dieser Frage zu beschäftigen und dafür Handreichungen herauszugeben. Aber das ist keine gute Antwort, weil sie nicht weiterführt. Das gilt dann ebenso für andere Gespräche dieser Art – etwa mit Menschen, die in einer atheistischen DDR geprägt worden sind oder mit befreundeten Ausländern. Gelegenheiten zu solchen Gesprächen gibt es erstaunlich viele, etwa mit Nachbarn, mit nichtchristlichen Arbeitskollegen, bei einer Bahnfahrt oder unter welchen Umständen auch immer.

Nach meiner Erfahrung geht es zunächst darum, unseren christlichen Glauben vorzustellen als etwas Positives, Aufbauendes und Einladendes – und als einen Glauben, der im Laufe von 2000 Jahren unterschiedliche Ausdrucksformen gefunden und entwickelt hat zu der Vielfalt, die wir heute vorfinden. Eine Vielfalt, zu der dann eben auch Heiligenverehrung und Marienkult und diesbezügliche Darstellungen in katholischen (und natürlich auch orthodoxen) Kirchen gehören ebenso wie die zum Glauben der römischen Kirche gehörende Sonderstellung von geweihten Priestern mit der darauf aufbauenden Hierarchie bis zu einem unter gewissen Umständen Unfehlbarkeit beanspruchenden Papst an der Spitze. Und ganz ohne Herabsetzung und ohne Ausdruck eines Gefühls der Überlegenheit kann ich als evangelischer bzw. methodistischer Christ davon sprechen, dass mir alle diese Formen von Glaubensausübung und Selbstdarstellung einer anderen christlichen Kirche fremd sind. Dass ich mich zwar darum bemühen kann, zu verstehen, was sie bedeuten und welche Traditionen in ihnen weiterleben, dass aber die Lehre meiner Kirche und dass auch mein persönlicher Glaube nicht das geringste damit zu tun hat, dass die katholische Kirche einer Schar von Heiligen besondere Qualitäten beimisst und dass sie der Mutter Jesu, deren Leid und deren Glauben auch von evangelischen Christen angemessen gewürdigt wird, eine besondere Mittlerrolle und Wirksamkeit bei Fürbittgebeten zuerkennt. Ich denke, dass auf diese Weise die Unterschiede zwischen katholischen und evangelischen Ausdrucksformen desselben Glaubens an Jesus Christus in einer angemessenen und niemand verletzenden Weise erklärt werden können.

Allerdings – solches ‚erklären können' von Unterschieden setzt eins voraus: Dass wir selber unseren persönlichen Glauben andern gegenüber überzeugend zur Sprache bringen können. Dies ist eine Forderung und Herausforderung, die von Anfang an Christen gestellt wurde – und so heißt es etwa im 1.Petrusbrief, im 3. Kapitel: „Seid stets bereit, jedem Rede und Antwort zu stehen, der nach der Hoffnung fragt, die euch erfüllt; aber antwortet bescheiden und ehrfürchtig, denn ihr habt ein reines Gewissen." Eine Forderung, die mit genau derselben Wortwahl heute genau so aktuell ist, wie vor 2000 Jahren und durch die Geschichte der Kirche hindurch. Eine Forderung, die besonders für Protestanten nach der ersten Reformation galt und dann für die Angehörigen von Freikirchen: beide mussten sich und ihren Glauben verantworten gegenüber den Vertretern etablierter Kirchen und Staatskirchen, die nicht hinnehmen wollten und bis heute nicht hinnehmen wollen, dass Menschen unter Berufung auf Christus und Paulus ihren Machtanspruch infrage stellen.

Und vor der Forderung, dass wir gesprächsfähig sein sollen gegenüber Nichtchristen - neuerdings als ‚Kirchenferne und Kirchendistanzierte' angesprochen - die uns fragen, bedeutet das zweierlei: zum einen, dass wir uns darum zu bemühen haben, unseren eigenen Glauben und die Gemeinschaft in unserer Gemeinde und Kirche so einladend darzustellen, dass Fragende davon angesprochen und neugierig werden, einmal zu uns in den Gottesdienst zu kommen oder zu einer anderen Veranstaltung. Zum anderen bedeutet es auch, uns ein wenigstens oberflächliches Wissen zu verschaffen über unsere christlichen ‚Nachbarkonfessionen' und die in unserm Land vorkommenden Fremdreligionen, damit wir bei einer Gesprächseröffnung wissen, mit wem wir es zu tun haben und was wir bei unserem Gegenüber erwarten bzw. voraussetzen können.

Schon das erste – unseren eigenen Glauben und die Gemeinschaft in unserer Gemeinde und Kirche einladend darzustellen – ist nicht so ganz einfach und selbstverständlich und wird von nicht ganz wenigen als Problem und große Barriere empfunden. Es erfordert Bereitschaft, Zeit zu opfern und einladende Darstellungen des eigenen Glaubens und der eigenen Gemeinde so einzuüben, dass sie überzeugend und ganz im Sinne des eben zitierten Textes weitervermittelt werden können. Solche Übungen führen zu gelebtem Gehorsam gegenüber unserm Text.

Und zum zweiten: Heute redet jede Kirche viel vom ‚missionarischen

Auftrag' jedes einzelnen Christen und erst recht jeder Gemeinde, hütet sich aber davor, hier konkret zu werden, weil der Begriff ‚Mission' von der Vergangenheit her belastet erscheint und von militanten Gegnern christlicher Kirchen als Angriffswaffe instrumentalisiert wird. Und zu dieser Scheu, konkret über Mission zu sprechen, gehört dann auch, dass die Erfahrung viel zu wenig angesprochen wird, dass es in erster Linie die persönlichen Einladungen einzelner Christen an Bekannte, Arbeitskollegen oder Nachbarn sind, die Kirchenferne oder Nichtchristen dazu bewegen, einmal zu einem Gottesdienst oder einer anderen Veranstaltung mitzukommen und so tastende Schritte in eine Gemeinde hinein zu wagen. Und so könnte es sehr hilfreich sein, hierzu in Einzelheiten zu gehen wie etwa praktische Hinweise zu geben zur Gesprächsführung mit Kirchenfernen und Nichtchristen deutscher und nichtdeutscher Herkunft. Für mich ein großer Mangel, denn wie - wenn nicht über persönliche Gespräche und persönliche Überzeugungsarbeit.-.sollen und können Kirchen wachsen in einer Zeit, in der in unserem Land christliche Großveranstaltungen immer mehr kosten und immer weniger bringen?

Dies ist nun ein nun ein großer Bogen von ökumenischen Veranstaltungen und gemeinsamen Gottesdiensten über katholische Heiligenverehrung und katholischen Marienkult hin zu der Frage, wie wir selbst mit Fragen von Nichtchristen und Kirchenfernen auch zu diesen Themen umgehen und wie überhaupt Gespräche mit Nichtchristen und Kirchenfernen so geführt werden, dass sie einladend wirken. Aber gerade deshalb so wichtig, weil in solchen Gesprächen die Chancen liegen, Fragende und Suchende heranzuführen an Gottes guter Botschaft und an die Erfahrung seiner Liebe in Jesus Christus. In einem der für die christliche Kirche sehr wichtigen Texte des Neuen Testaments, in den in der Offenbarung des Johannes enthaltenen Sendschreiben an die sieben Gemeinden in Kleinasien, wird sehr deutlich gemacht, dass es nicht auf Größe einer Gemeinde ankommt und auch nicht auf den Aufwand, den sie betreibt, sondern auf das Durchhalten und das ‚beständig im Glauben bleiben' auch in kleiner Zahl und auch unter widrigen Umständen. Und wir wollen Gottes guten, heiligen Geist bitten, dass er jedem einzelnen von uns die Kraft zu einem freudigen und einladenden Reden vom eigenen Glauben, das auf andere einladend und überzeugend wirkt, schenkt.

Finale: Ein Ticket in die Freiheit

Hebräer 13,9: Es ist ein köstlich Ding, dass das Herz fest werde, welches geschieht durch Gnade.

„Das ist einfach zum Davonlaufen!“ – eine Feststellung, mit der sich Menschen immer wieder Luft machen. Und es gibt einen ganzen Katalog von Sachverhalten, angesichts derer Menschen manchmal davonlaufen möchten – angefangen bei Kindern im Schulstress und bei Schwierigkeiten in der Familie. Und das geht weiter bei Frust in der Ausbildung oder im Beruf, bei Problemen in der Partnerschaft, in der ‚midlife crisis', beim Scheitern von Lebensplanungen und bei Verzweiflung und als unerträglich empfundenem Leid. Auch wenn man ein solches ‚Davonlaufen' nicht umsetzen kann – man möchte es sich eben vorstellen als Ausbruch in eine Freiheit, von der man sehr viel erwartet und für deren Erreichen man dann eine Fahrkarte braucht – eben ‚Ein Ticket in die Freiheit'. Bei solchen Wunschvorstellungen in schwierigen Situationen gibt es keine Unterschiede zwischen Nichtchristen und Christen. Unterschiede können erst woanders auftauchen: In der Art, wie Nichtchristen und Christen fertig werden und fertig werden müssen mit dem, was hinter diesem Wunsch, davonzulaufen, steht. Denn wenn auch viele von einem ‚Ticket in die Freiheit' träumen mögen – den Mut oder die Konsequenz, damit Ernst zu machen und ‚auszusteigen', das bringen doch nur ganz wenige auf. Entscheidend wird die Frage „Wie gehe ich um mit dem, vor dem ich eigentlich davonlaufen möchte?“ – und hier können dann Unterschiede aufkommen zwischen Nichtchristen und Christen. „Wie kann ich klarkommen ohne ein Ticket in die Freiheit?“ und „Wohin kann ich mich wenden mit der Bitte um Verständnis für meine Schwierigkeiten und um Hilfe?“ Sollten dann Jesus oder Gott nicht doch ‚gute Adressen' sein?

Auch in meinem Leben gab es eine Wende, bei der ein ‚Ticket in die Freiheit' ein Ausweg hätte sein können, als meine Lebensplanung nach fast 30 Jahren zusammenbrach. Seit ich 15 oder 16 Jahre alt war, war mein Traum, ein großer Forscher und Physikprofessor zu werden. Ich habe unendlich viel Mühe und Zeit darin investiert und war einer Verwirklichung dieses Jugendtraumes auch schon nahe gekommen. Aber dann: In den 70er Jahren war es für Wissenschaftler, die eine Universitätslaufbahn anstrebten, besonders schwer: es gab einfach zu viele und die Aussichten waren düster. Ich verließ mich auf Zusagen meines Doktorvaters, dass er mir eine Stelle verschaffen würde Und auf Grund dieser Zusagen hatten meine Frau und ich uns auf ein Bleiben in Bonn eingerichtet und sahen der Zukunft einigermaßen gelassen entgegen. Umso größer war dann der Schock, als im Sommer 1978 mit einem Male die monatliche Gehaltsüberweisung ausblieb und ich auf Nachfrage erfuhr, dass mein Arbeitsvertrag nicht verlängert worden war. Und niemand hatte mir dies vorher sagen wollen! Eine verzweifelte Situation, weil wir vom Kauf und der Grundsanierung eines Hauses her große Schulden hatten. Als ich mit diesem plötzlichen Absturz in die Arbeitslosigkeit konfrontiert wurde, waren meine Frau und unser Sohn gerade auf einem Erholungsurlaub in England, so dass ich mit diesem Schock allein war. In der ersten Nacht fand ich keinen Schlaf, weil mich eine immer stärker quälende und würgende Angst ergriff – die Angst, wie es denn nun weitergehen sollte und wie wir wohl klarkommen könnten mit meiner Arbeitslosenunterstützung und der halben Stelle meiner Frau an einem Krankenhaus. Alle diese verzweifelten Gedanken drehten sich im Kreise und ließen keinen Schlaf aufkommen. Aus diesem Kreis herausgeholt wurde ich dann durch die Radio-Morgenandacht mit dem Lied „Wenn wir in höchsten Nöten sein und wissen nicht, wo aus noch ein..." – ganz zart und mit allen Versen vorgetragen. Ich empfand es als eine direkte Anrede von Gott in meine Angst und Ausweglosigkeit, und es beendete diese geradezu schlagartig. Mit Gottes Hilfe gibt es immer ein ‚Weiter' und einen neuen Anfang – dies war die Botschaft, die ich so dringend brauchte. Und so getröstet stand ich auf, dankte Gott für diesen Trost und diese Wegweisung und ging in den neuen Tag. Ging zum Arbeitsamt, um mich arbeitslos zu melden – und ging daran, mein Leben neu zu ordnen im Vertrauen auf Gottes Hilfe. Die dann ganz massiv kam nach einem Jahr von Arbeitslosigkeit und gelegentlichen Tätigkeiten für Forschungsinstitute in Berlin und den Niederlanden: als feste Anstellung bei der Firma Siemens in Erlangen, wo man ganz plötzlich jemand mit meinen Qualifikationen dringend brauchte ungeachtet meines für eine Festanstellung schon recht fortgeschrittenen Alters. Und diese Anstellung wurde dann entgegen manchem äußeren Anschein – denn sie wurde zu einem mehr als 15 Jahre dauernden Pendeln zwischen Bonn, Erlangen und später Hanau und einer damit verbundenen ‚Wochenend-Ehe' – für mich ein ‚Ticket in die Freiheit' aus einer bedrückenden Zeit der Arbeitslosigkeit mit sehr düsteren Aussichten, wie es denn in Bonn hätte weitergehen können. Für mich wurde diese Erfahrung zu einer Bestätigung des Verses, den ich über diese Predigt gestellt habe und der zugleich mein Konfirmationsspruch war: „... Es ist ein köstlich Ding, dass das Herz fest werde, welches geschieht durch Gnade "

Und an einem von vielen einsamen Abenden nach einem fordernden Arbeitstag in Erlangen hörte ich dann spät im Radio ein Lied, das mich tief bewegte, weil es so manches ansprach von dem, was mich selbst betraf und was ich sehr gut nachempfinden konnte:

Das Lied vom „Ticket in die Freiheit"

Im Spiegel sein Gesicht.
Er fragte, bin das ich?
Auf einmal hatte er sein Leben satt,
das Warten und Spar'n
und auch seine Frau
und die Wohnung,
den Job und die Stadt.

Ich trank wie sonst Kaffee
und sagte ihr „Adieu!"
so wie ich es an jedem Morgen tat
zur üblichen Zeit
der übliche Weg zur Stadt,
Doch ich bog an der Kreuzung
zum Flughafen ab.

„Ein Ticket in die Freiheit"
– noch eine Stunde Zeit!

Ich saß im Restaurant
und schrieb an sie:
„Ich steige heut aus,
ich muss einfach raus
von hier,
Sonst bleiben meine Träume
für mich Phantasie!"

„Ein Ticket in die Freiheit“
noch einmal ein Junge sein,
der Abenteuer sucht
auf dieser Welt.

Wird sie es verstehn?
Die Zeit war oft so schön
mit ihr.
Doch ich spürte auf einmal,
dass mich etwas hält!

Als man zum Abflug rief
zerriss er seinen Brief,
stand auf und gab
sein Ticket wieder her.

Kein Junge, ein Mann!
Ich rief zu Haus an
bei ihr und sagte:
„Jetzt weiß ich,
ich liebe dich sehr!“

Ich habe viel über dieses Lied nachgedacht: Zum einen: was dem Helden hier geschieht, das ist genau das, was der Predigttext sagt: sein Herz wird fest in den entscheidenden Augenblicken, als zum Abflug gerufen wird und ihm auf einmal das Bild seiner Frau vor Augen steht: Das Bewusstwerden seiner Liebe zu ihr ist die Gnade, die ihm geschenkt wird unmittelbar bevor er diese Liebe mit seinem Davonlaufen zerstört hätte. Und ich habe mich gefragt, wie überrascht die Textdichter wohl wären, wenn jemand sie auf diesen Zusammenhang mit dem Predigttext aufmerksam machen würde – und ihnen erklären, dass die Schlusspointe ihres Textes so interpretiert werden kann. Und zum andern: Wie hätte wohl ein ‚Ticket in die Freiheit' für mich aussehen können, wenn mich nicht Gottes Trost und Gottes gute Führung gehalten hätten? Zum einen nach dem Schock, dass meine Lebensplanung zerbrochen war und zum andern in der beklemmend trostbedürftigen Zeit meiner Arbeitslosigkeit, als die Hoffnung auf eine angemessene Arbeitsmöglichkeit immer mehr schrumpfte? Ich habe später in Einzelheiten erfahren, wie es dazu kam, dass ich diese neue

Stelle erhielt: Es war ein Zusammenfallen von ‚Zufällen', deren jeder für sich schon so unwahrscheinlich war, dass die ‚Wahrscheinlichkeit' für dieses Zusammenfallen nur durch eine Null mit einem Komma und sehr vielen Nullen dahinter zu beschreiben gewesen wäre. Für mich war es einfach eine gute Führung Gottes. Und wie gut sich diese Weichenstellung in meinem Leben und entgegen meinen Jugendträumen ausgewirkt hat, das habe ich in den Jahren danach und bis heute erfahren. Ich fühle mich heute glücklicher und ausgefüllter als ich es von vielen Physikprofessoren erfahren habe, denen ich begegnet bin. So kann ich es heute als Feststellung bestätigen: „es war ein köstlich Ding, dass mein Herz fest wurde!" Das Ziel von meinem ‚richtigen' Ticket in die Freiheit hat sich erwiesen als eine Freiheit in Gottes Fürsorge und Gottes Liebe. Eine Freiheit, die nicht in alle möglichen Richtungen ausufert, sondern in der Jesus als ein ‚Freund und älterer Bruder' über mir wacht.

Und von dieser persönlichen Erfahrung her wünsche ich auch anderen Menschen in den eingangs geschilderten Situationen – aus denen sie davonlaufen möchten in Freiheiten, die verschwommen und später vielleicht sogar bedrohlich erscheinen – dass ihr Herz fest werde: als Geschenk Gottes. Für sie möchte ich als Ergänzung hinzufügen, dass es auch ein köstlich Ding sein kann, wenn Gott zu der Einsicht führt, dass auch die Nichterfüllung von Jugendträumen und das Scheitern von Lebensplanungen ein Weg werden kann hin zu ihm. Wenn er zu der Einsicht führt und die Erkenntnis schenkt, dass auch ein zunächst geradezu als ‚Weltuntergang' empfundener Bruch in der Lebensplanung oder eine furchtbare Enttäuschung anderer Art eine Weichenstellung sein kann, die von ihm kommt. Eine Weichenstellung, die etwa zu einer den eigenen Fähigkeiten besser passenden Stellung führen kann, die einen aus Situationen von Frust, Enge und Unzufriedenheit oder auch tiefem Leid herausholt – die aber darüber hinaus dazu führt, glücklich sein zu können da, wo Gott einen hingeführt hat. Auch wenn das manchmal ziemlich lange dauern mag und wachsen muss, bis es akzeptiert werden kann als Einsicht, dass Gott es gut gemeint hat und weiterhin gut meinen wird. Und so kann ich aus der Sicht meines christlichen Glaubens auch den tröstlichen Abschluss dieses Liedes vom ‚Ticket in die Freiheit' verstehen als ein zeitgemäßes Beispiel für die Verheißung „es ist ein köstlich Ding, dass das Herz fest werde, welches geschieht durch Gnade "

Quellenangaben

1. Bibeltexte

Die Bibeltexte wurden den in der Praxis am häufigsten verwendeten Bibelübersetzungen entnommen und bei den Predigttexten jeweils angegeben

rev. Lutherübersetzung 1984, Deutsche Bibelgesellschaft Stuttgart
Einheitsübersetzung, Katholische Bibelanstalt Stuttgart
„Hoffnung für alle", Brunnen-Verlag Basel. Gießen
„Die Gute Nachricht", Deutsche Bibelgesellschaft Stuttgart
Züricher Bibel, Theologischer Verlag Zürich 2007

2. In Predigten angesprochene Bücher oder Zitate in der Reihenfolge der Predigten

Vorwort: Die zwei Kulturen. Literarische und naturwissenschaftliche Intelligenz:–, C. P. Snows These in der Diskussion, dtv/Klett-Cotta, Stuttgart

1.1 bis 1.3: George V. Coyne :"Urknall und Schöpfung"
‚Bild der Wissenschaft', 4/1995
Trutz Rendtorff, Erlanger Forschungen, Reihe B, Band 19 (1989)

1.2 Karl Barth in einem Vortrag 1948 in Amsterdam

1.3 Jacob Neusner: „Ein Rabbi spricht mit Jesus" Herder 2007

3.3 Zitat aus Michael Stollwerk „Frische Brise für die Seele", (c) Brunnen-Verlag Gießen mit freundlicher Abdruckgenehmigung, für die ich dem Verlag, vertreten durch Frau Irmgard Barth, sehr herzlich danke.

6.3 Ökumenische Rundschau, Juli 2006, Heft 3

3. Liedtext für das ‚Finale'

Ich danke dem Arabella Musikverlag, vertreten durch Frau Sylvie Franck, sehr herzlich für die großzügige Nachdruckerlaubnis für den Text des Liedes

‚Ein Ticket in die Freiheit'
Musik arrangiert von: Jack White, Michael Kunze
Text: Jack White, Michael Kunze
(c) Arabella Musikverlag GmbH
Mit freundlicher Genehmigung der Universal Music Publishing Group.

Da mir dieses Lied sehr viel bedeutet, hat mich das Entgegenkommen von Frau Franck sehr gefreut. Dass gehobene U-Musik von der Textaussage her durchaus die Qualität biblischer Textaussagen haben und solche Aussagen in eigenen Formulierungen unterstreichen kann, war für mich eine wertvolle Erkenntnis.

Printed by Books on Demand GmbH, Norderstedt / Germany